Stefan Bukacek

SAG ES ACHTSAM,
lebe glücklicher

Mein Buch für ein
bewusstes Miteinander

arsEdition

HALLO, DU SPRECHENDES WESEN!

Dies ist ein Buch übers Sprechen – und übers Hören. Und darüber, was es für massive Auswirkungen hat, wenn du entscheidest, dein Sprechen und Hören in die Hand zu nehmen: Es könnte passieren, dass dein Leben plötzlich einfacher, schöner, leichter und intimer wird, wenn du dich mit deiner Kommunikation auseinandersetzt.

Ich freue mich, dass du dieses Buch in der Hand hast. Vielleicht hast du selbst schon ein paar Ideen, wie die Sache mit dem Sprechen zwischen Menschen besser laufen könnte. Vielleicht suchst du nach ein paar Tricks, die gut funktionieren. Vielleicht hast du ein paar harte Nüsse in deinem Umfeld, die dich manchmal zur Verzweiflung bringen. Und vielleicht bist du ein paarmal so richtig mit Anlauf in ein Wortgefecht gerannt und hast keine Ahnung, wie das derart schieflaufen konnte.

Oder hast du schon öfter den Wunsch gehabt auszudrücken, was in dir los ist? Und entspannt damit umzugehen, was andere tun oder sagen? Genau darum geht es hier: Ich zeige dir in ein paar einfachen Schritten, wie du sagen kannst, was dich stört. Und wie du ruhig zuhören kannst, wenn andere etwas sagen, das dir nicht passt. Ohne Vorwurf und Kritik und dass am Ende einer weint. **Die Grundidee hinter diesem Buch ist ziemlich einfach: Klar ausdrücken, was in mir los ist – und empathisch wahrnehmen, was in meinem Gegenüber los ist. Und zwar beides ohne Vorwurf oder Kritik.**

Ich habe dieses Buch gemacht, weil ich selbst durch einige Aua-Momente (für mich und andere) bemerkt habe, was Worte auslösen können. Und mir ist klar geworden, wie sehr Worte meine Welt erschaffen. Und dass ich dabei nicht immer achtsam und effektiv war. Aber ich habe auch erkannt, dass ich komplett selbst in der Hand habe, wie es läuft.

Egal, was deine Geschichte ist: Willkommen zu deinem Ticket zu einem neuen Level beim Sprechen und Hören! Ich nehme dich auf unserer gemeinsamen Reise durch das Labyrinth der Fettnäpfchen und Eskalationen an der Hand und wir machen einen entspannten Flug mit viel Klarheit und Verbindung daraus. Mit Verbindung meine ich die Verbundenheit mit anderen Menschen, in der du weder innerlich noch in deinen Worten in die Konfrontation gehst, sondern in einer partnerschaftlichen Haltung bleibst, auch wenn es gerade einen Konflikt gibt.

Was mir sehr geholfen hat und worauf dieses Buch im Kern basiert, ist das, was »Gewaltfreie Kommunikation« genannt wird, was aber nur ein vager (und etwas unglücklicher) Begriff ist für das, worum es eigentlich geht: **Aufrichtig sagen, was in dir los ist, ohne dass andere es persönlich nehmen – und damit umzugehen, was andere sagen und tun, ohne dass du es persönlich nimmst.** Das klingt erst mal relativ simpel, aber es geht dabei um viel mehr: nämlich eine neue Art zu denken. Das bedeutet, dass du klar bist über deine Absichten und Wünsche und gleichzeitig empathisch und verständnisvoll bleibst. Und dabei für ein Miteinander auf Augenhöhe sorgst, bei dem du und andere ernst genommen sind. Es bedeutet auch, Verantwortung für dein Leben und deine Gefühle zu übernehmen. Klingt ganz schön groß – ist es auch! Du wirst sehen: Schritt für Schritt wirst du mit dieser Welt vertrauter werden, die dir helfen kann, entspannter mit den Konflikten in deinem Leben umzugehen.

Ich will dir hier das weitergeben, was für mich eine fundamentale Bereicherung war und für mich seit Jahren sehr gut funktioniert und meine Kommunikation und Beziehungen um Lichtjahre verbessert hat. Das heißt nicht, dass das für dich auch so sein muss – schau und überprüfe selbst, was für dich funktioniert, und probiere es aus. Und lass weg, was für dich nicht taugt.

Ich wünsche dir viel Spaß mit diesem Buch und mit den Menschen in deinem Umfeld!

Stefan

Im Buch findest du immer wieder Wort- und Satzteile, die farbig hervorgehoben sind. So kannst du immer sehen, welches Wort in einem Beispiel für welchen der vier Schritte steht. Dazu bald mehr im Laufe von Kapitel 1. Die Markierungen zeigen dir schnell und einfach, wie du Gefühle und Bedürfnisse ausdrücken kannst und in deinen Sätzen unterbringst.

1. **Wahrnehmungen**   3. **Bedürfnisse**

2. **Gefühle**   4. **Bitten**

INHALT

AM ANFANG WAR DAS WORT.
UND DAS WORT WAR BEI DIR

Was braucht es eigentlich, um achtsam zu sagen, was dich nervt oder was dein Leben etwas glücklicher machen würde? Und was ist eigentlich dieses achtsam, von dem alle reden?

> *»Wenn eine Pflanze nicht so wächst, wie es dir gefällt, bestrafst du sie dann in der Hoffnung, dass sie besser wächst?«*

MARSHALL B. ROSENBERG

Dieses Zitat stammt von dem Psychologen und Begründer der Gewaltfreien Kommunikation Marshall B. Rosenberg (1934–2015). Wenn du noch mehr über Rosenberg erfahren willst, findest du auf Seite 10 ausführlichere Infos über ihn.

WIE PASST DER GEDANKE IN DEIN LEBEN? → *Auf welche Art und Weise bringst du andere dazu, dass sie sich so verhalten, wie du willst?*

Wenn du schon mal ätzende Auseinandersetzungen mitbekommen hast, kennst du die Frage sicher: Wie kann es sein, dass Menschen mit dir oder mit anderen Menschen manchmal richtig doof umgehen? Wieso gibt es immer wieder Stress und Missverständnisse und schwelende genervte Konflikte? Und wie kann ich selbst was tun, damit ich das nicht dauernd an der Backe habe?

Eine erste Antwort darauf ist: **Alles, was Menschen tun, tun sie mit einer positiven Absicht für sich selbst.** Alles, was wir tun, tun wir in der Hoffnung, dass es uns danach ein bisschen besser geht.

Geh mal in deiner Erinnerung zurück: Wenn du in einen Streit verwickelt warst, hattest du vermutlich vorrangig die Absicht, dich für etwas einzusetzen, was dir wichtig ist – und der andere hat es einfach nicht kapiert. Sondern hat vielleicht stattdessen nur Vorwürfe und noch mehr Stress gemacht. Aber du selbst hast dich ja vermutlich schon echt bemüht und getan, was du kannst, und den besten dir bekannten Weg gewählt. Wenn wir davon ausgehen, dass das alle Menschen tun und ihr Bestes geben, ist die Frage:

Wieso geraten wir in blöde Wortgefechte und bauen Fronten auf?

Das schauen wir uns in diesem Buch an:

1. In diesem ersten Kapitel schauen wir auf die Grundlagen, was wir eigentlich brauchen und was unsere innere Haltung und Achtsamkeit mit den Konflikten in unserem Leben zu tun haben.

2. Im zweiten Kapitel untersuchen wir, welche Muster in unserer Sprache und unserer inneren Haltung uns zielgenau in Konflikte navigieren.

3. Das dritte Kapitel ist voll mit Möglichkeiten, Tools und Ansätzen, mit denen du erfolgreicher mit Gefühlen, Konflikten und unzufriedenstellenden Situationen umgehen kannst.

DU UND DIE AUSLÖSER – EIN UNTRENNBARES TEAM

Im Alltag sind wir mit einer Vielzahl von Aussagen und Handlungen konfrontiert: In Partnerschaft, Familie, Nachrichten, Chats, bei Arbeitskolleginnen, Kunden, Dienstleisterinnen, Passanten: Überall gibt es Situationen, die Reaktionen in dir auslösen.

Nun ist die Frage, was du mit diesen Auslösern tust. Wie du auf diese Auslöser reagierst, hat entscheidenden Einfluss darauf, wie sich die Situation entwickelt. Die gute Nachricht: Du hast es komplett in der Hand, die Weichen dafür zu stellen. Der Punkt der Weichenstellung ist der, an dem du entscheidest, wie du reagierst – hier hast du die Verantwortung, wie es weitergeht. Achtsamkeit ist der Schlüssel dafür, damit du dich so entscheidest, dass du dich und dein Gegenüber gleichzeitig im Blick hast. Wenn du in diesem Moment, in dem du reagierst und die Weiche stellst, voll da und präsent bist und deine Gefühle und Bedürfnisse kennst, bist du nicht mehr mit Autopilot unterwegs.

Stattdessen kannst du bewusst dein Gegenüber empathisch abholen, die Autobahn in Richtung Drama und Streit verlassen und an einem Ort ankommen, wo ihr weiter respektvoll im Gespräch bleibt. So kannst du selbst etwas für ein respektvolles Miteinander tun und unternimmst etwas, damit Konflikte nicht eskalieren.

VIER SCHRITTE FÜR ACHTSAME KOMMUNIKATION
NACH M. B. ROSENBERG

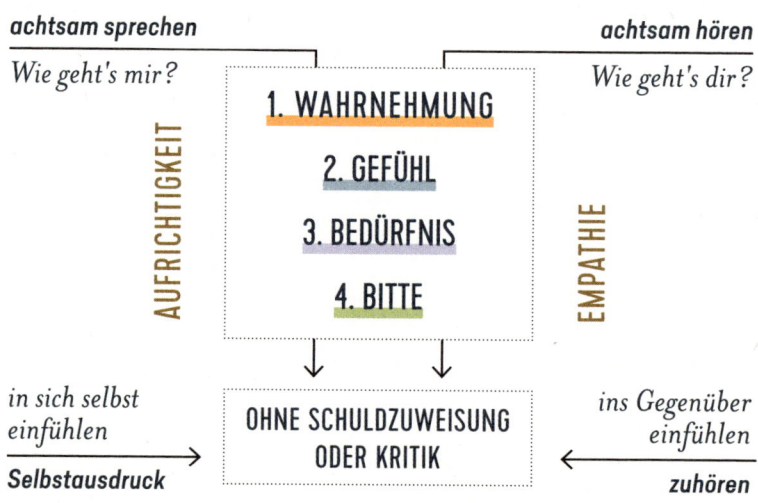

Dort, an diesem Punkt, wo du dir deiner selbst gewahr bist und auf all die Auslöser im Alltag triffst, hast du auch den Schlüssel in den Händen für ein ehrliches, respektvolles Miteinander, das die Bedürfnisse im Fokus hat: deine Reaktion auf das, was passiert. Nur weißt du vielleicht nicht, wie du den Schlüssel benutzt und wie das geht, wenn du verärgert bist über das, was du hörst oder siehst.

Deshalb schauen wir uns in diesem Buch zuerst die Gründe an, warum es immer wieder schiefläuft. Dann die Zutaten für gelingende und achtsame Kommunikation, und schließlich ein paar Situationen, die immer wieder knifflig sind. Und am Ende erfährst du, wie deine Haltung und deine Kommunikation auch bei inneren Konflikten zu einem entspannteren und glücklicheren Leben beiträgt.

WAS MENSCHEN WIRKLICH WOLLEN

Was ist Menschen eigentlich wichtig im Umgang miteinander? Um das herauszufinden, sollten wir jemanden mit Expertise fragen. Bevor ich hier eine wissenschaftliche Studie von einer renommierten Universität ausgrabe und mit abstrakten Zahlen unterfüttere, lasse ich lieber einen Experten zu Wort kommen, der sich damit auskennt – nämlich dich. Und die Frage an dich lautet: **Wie willst du selbst, dass Menschen mit dir umgehen?**

○ respektvoll   ○ ehrlich   ○ freundlich   ○ liebevoll

○ wertschätzend   ○ ....

Praktisch alle Menschen stimmen zu, dass ihnen Respekt und Aufrichtigkeit sowie ein freundlicher Umgang wichtig sind. Jede und jeder möchte ernst genommen und verstanden werden – zumindest ist das nach meiner Vermutung so und ich beobachte es in Seminaren und Trainings. Ist das auch für dich so? Ich gehe einfach mal davon aus, dass dir das ebenso wichtig ist wie mir. Daraus folgt dann unsere erste Grundannahme:

ES GEHT ALLEN MENSCHEN SO, DASS SIE ERNST GENOMMEN UND VERSTANDEN WERDEN WOLLEN.

Nur: Wie ist das im Alltag, wenn es drunter und drüber geht und mir schneller »Einladungen« zu Konflikten um die Ohren gehauen werden, als ich mich an meine These von oben erinnern kann?

Keine Frage: Es braucht sehr viel an Aufmerksamkeit, um sich an diese Grundannahme zu erinnern, dabei achtsam zu sein, und das einordnen zu können, was eigentlich gerade passiert. Aber mit ein bisschen Übung und den vielen Kommunikations-Tools aus diesem Buch siehst du plötzlich, wo die Unterschiede sind und warum es in einem bestimmten Moment zum Streit gekommen ist, während in einem anderen ein friedlicher Austausch stattfinden konnte. Und mit dieser Klarheit kannst du auch andere besser ernst nehmen und verstehen, selbst dann, wenn es emotional hoch hergeht. **Ich finde, das macht das Leben deutlich leichter und schöner.**

Der Ansatz, der mir persönlich sehr viel Klarheit und sehr viele alltagstaug-liche Tools gebracht hat, wie ich das erreichen kann, ist die Gewaltfreie Kommunikation (GFK). Vieles in diesem Buch basiert darauf.

*Marshall B. Rosenberg (1934–2015) hat als Psychologe bestehende Ansätze für erfolgreiche Kommunikation in ein klares und einfaches For-mat gebracht und die **vier Schritte** entwickelt. Er gilt als der Erfinder der Gewaltfreien Kommunikation. Als Konfliktschlichter hat Rosenberg inter-national in Krisenherden wie dem Palästinakonflikt mit dieser Methode zu Verständigung und Versöhnung beigetragen. In seiner Jugend war er für eine Weile Gangmitglied in Detroit und zettelte selbst oft Schlägereien an, später hat er mit der Methode der GFK in Bandenkriegen vermitteln und schlichten können. Nach Krankenhausaufenthalten und mehrfachen Schul-verweisen als Rowdy stellte er sich die Frage, was Menschen eigentlich zu Gewalt antreibt, und begann ein Psychologiestudium. Sein Markenzeichen waren Dialoge mit den Handpuppen »Wolf« und »Giraffe«, sehr sehenswert ist zum Beispiel ein Video zum Thema »Liebe« (das du im Internet leicht finden kannst, wenn es dich interessiert). Darum begegnest du in vielen Büchern zur GFK Begriffen wie »Wolfssprache« oder »Giraffensprache«.*

Wie ist es bei dir? Gehst du selbst mit anderen so um, wie du möchtest, dass man mit dir umgeht, auch dann, wenn die Fetzen fliegen? Vielleicht bekommst du gar nicht genau mit, wie du gerade eigentlich mit jemandem/einer Konfliktsituation umgehst, weil du vollkommen im Fetzen-fliegen-Lassen versunken bist und es schon verdammt anstrengend ist, dich zu verteidigen. **Das ist total verständlich, weil wir in Schule, Medien und Familie oft nicht lernen, wie genau das geht: uns gegenseitig zu verstehen** und konstruktiv mit Gefühlen oder Konflikten umzugehen. Auf den nächsten Seiten lernst du viele Methoden kennen, wie du achtsam wirst für die subtilen Unterschiede in der Sprache und ihre Auswirkungen.

JETZT MAL GANZ EHRLICH, BITTE!

Erinnern wir uns daran: Menschen wünschen sich Aufrichtigkeit im gemein-samen Umgang – und verstanden zu sein. Das gleichzeitig erreichen zu wollen scheint vielleicht wie gleichzeitig Baden und Föhnen zu wollen: Besser die Finger davon lassen, das könnte übel enden.

Leider haben wir mit den Sprachmustern, mit denen wir aufgewachsen sind, gelernt, dass Aufrichtigkeit in gewisser Form als hart gilt. Und wir haben oft auch schmerzliche Erfahrungen mit Sätzen gemacht, die mit »Jetzt mal ganz ehrlich ...!« beginnen. Es scheint dann so, als ob Ehrlichkeit nicht gleichzeitig mit Verständnis und Verbindung möglich ist.

Das Ergebnis von einer »ehrlichen Ansage« sieht dann oft ungefähr so aus:

»Okay, pass auf, um ganz ehrlich zu sein: Ich finde, du bist voll egoistisch und du hast einfach null Feingefühl.«

»?!! – Ach was!! Das sagt genau die Richtige!«

»Ach, jetzt passt's dir auch nicht. Du wolltest, dass ich ehrlich bin. Und so ist es ja auch einfach!«

Wie könnte das aussehen, wenn ich in derselben Situation achtsam reagiere und den Fokus darauf lege, Verbindung mit meinem Gegenüber herzustellen? Mit dem Beispiel von oben klappt das offensichtlich nicht. Denn in dieser Haltung, ich nenne sie **»die Schuldbrille«**, sagst du nur:

• was du über die andere Person denkst,
• was an der anderen Person falsch ist,
• und was mit ihr nicht stimmt.

Anders ist es, wenn du eine achtsame Haltung einnimmst und dir bewusst über deine Gedanken, Gefühle und Bedürfnisse bist:

»Okay, ich will ganz ehrlich sein: ich bin momentan sauer, weil ich Unterstützung und Verständnis brauche.«

»Hm, das hab ich gemerkt, ja ...«

Hier sind ein paar Dinge anders: Aus achtsamer Perspektive, der »Verständnisbrille« ...

• sprichst du nur von dir selbst,
• benennst deine Gefühle und Bedürfnisse,
• und tust das ohne Schuldzuweisung oder Kritik an der Person.

Das hat nicht nur den Vorteil, dass du keine miese Stimmung am Bein hast. Sondern dass du auch auf den Punkt sagst, worum es dir eigentlich geht. Und das ist enorm nützlich, weil du dir den Umweg über eine endlose Debatte sparst, besser in Verbindung bleibst und außerdem die Chance um ca. 100 % erhöhst, dass du bekommst, was du brauchst.

Der Unterschied zwischen den beiden Beispielen oben ist:
Einmal sage ich »ehrlich«, was falsch läuft und was mit dem anderen nicht stimmt. **→ Das ist die Schuldbrille**

 Und einmal aufrichtig, wie ich mich fühle und was mir gerade wichtig ist.
→ Das ist die Verständnisbrille

Was ich in diesem Moment brauche, ist das, was das **Bedürfnis** ist. Damit ist nicht so etwas gemeint wie »... nach Kaffee« oder »... dass du was tust«. Das sind keine Bedürfnisse, sondern Strategien, mit denen Bedürfnisse erfüllt werden.

Bedürfnisse sind etwas Abstraktes, z. B. so was wie »Unterstützung« oder »Verständnis«. Wir schauen uns in Kapitel 3 noch genauer an, warum es dir das Leben enorm leichter macht, wenn du diesen Unterschied klar hast.

Sobald du auf die Bedürfnisse schaust, kannst du besser in die Verständnishaltung gehen. Wenn du auf die Schuld schaust und darauf, ob etwas richtig oder falsch ist, baust du keine Brücke zu deinem Gegenüber und tust dir selbst auch keinen Gefallen. Denn dann kreist der Konflikt darum, wer schuld war – und somit darum, wer unrecht hat und warum.

→ EXPERIMENT

PROBIERE ES MAL AUS: Achte darauf, ob andere tatsächlich von sich sprechen, wenn sie zu jemand anderem »mal ganz ehrlich sind«.

• Sprechen sie wirklich von sich?
• Teilen sie mit, wie sie sich fühlen, ohne Schuldzuweisung und Kritik?
• ... und jetzt mal ehrlich: Wie machst du das? 😉

WARUM BEDÜRFNISSE SUPER FÜR DEIN LEBEN SIND

Ein zentrales Merkmal, das Gewaltfreie Kommunikation von anderen Ansätzen aus Psychologie, Persönlichkeitsentwicklung und Kommunikationstechniken unterscheidet, ist der konsequente Blick auf Bedürfnisse. Das Tolle an Bedürfnissen ist, dass sie quasi alles in Gold verwandeln können. Sie können unklaren Zoff, Beschuldigungen, ja sogar Beschimpfungen in Klarheit verwandeln, und du kannst an ihnen erkennen, worum es wirklich geht.

Denn Bedürfnisse sind der Antrieb hinter allem, was Menschen tun. Sie sind daher super, um zu erkennen, was du zum Leben brauchst.

Wenn du über ein Bedürfnis redest, dann ist das der Kern von dem, worum es geht. Sobald du auf Bedürfnisse ausgerichtet bist, verändert sich deine Sprache und in gewisser Weise auch dein Denken: Du achtest einfach auf ganz andere Dinge und setzt deinen Fokus nicht mehr auf Denkweisen, die zu Trennung und Konflikt führen. Es geht nicht mehr darum, ob etwas »gelogen« oder »chaotisch« ist, sondern darum, dass dir **»Aufrichtigkeit«** wichtig ist und du **»Ordnung«** brauchst. Die Orientierung deiner Sprache ist eine komplett andere und deshalb reagieren auch die Menschen um dich herum ganz anders darauf. Du bist wie ein effizientes Protein, an das sich harmlose Viren andocken können – und nicht eines, das sich mit konfliktbeladenen Gedanken-Viren verbinden will. Sei ein Protein, an dem das Glücksvirus andocken will.

→ EXPERIMENT

TEIL 1:
Probier's mal aus: Was wurde dir mal vorgeworfen? Was könnte der andere für ein Bedürfnis gehabt haben? Schau hinten auf die Bedürfnisliste, ob du ein Wort findest, das gut zu dem passt, worum es dir gegangen ist.

Der Vorwurf an mich

....

Das Bedürfnis, worum es der anderen Person wahrscheinlich gegangen ist

....

TEIL 2:
Und jetzt umgedreht: Worum ging es dir bei dem, was du jemand anderem vorgeworfen hast?

Der Vorwurf von mir an jemand anderen

....

Das Bedürfnis, worum es mir gegangen ist

....

Wenn dir das noch schwergefallen ist: Im dritten Kapitel auf Seite 68 schauen wir uns noch mal genau an, wie du das Bedürfnis zu einer Situation leichter findest.

Bedürfnisse machen den Wirrwarr an Gefühlen, Enttäuschungen, Ängsten, Widerständen, Missverständnissen, Aussagen und Entscheidungen plötzlich sortierbar. Und wie bei einem verhedderten Kopfhörerkabel, bei dem du erst alles entwirren musst, bevor du entspannt zuhören kannst, ist es auch in der Kommunikation hilfreich, wenn du dir etwas Zeit nimmst und die einzelnen Enden in die richtige Position bringst. Dieses Sortieren nenne ich »Selbstklärung«, im Laufe des Buches lernst du einige Methoden dazu kennen.

> *Eine Methode, um eine Selbstklärung zu machen, ist die App Introflect. Als ich meine GFK-Ausbildung machte, hatte ich mir immer ein einfaches Werkzeug gewünscht, mit dem ich in einer akuten Situation herausfinden kann, worum es hinter all den Gefühlen eigentlich geht. Herausgekommen ist diese App, die wie ein Tagebuch für Bedürfnisse funktioniert und dich durch eine Selbstreflexion führt, sodass du mehr und mehr Klarheit über deine Bedürfnisse und Werte gewinnen kannst. Die App ist kostenlos und erklärt dir, wie es geht, probiere sie gern mal aus: **introflect.com.***
>
> *Danke an das fantastische Team, durch das das möglich geworden ist!*

Das, worum es bei dem Konflikt geht – und damit das Wichtigste, um weiterzukommen – sind die Bedürfnisse. Frag dich: Um welche Bedürfnisse geht es hier in diesem Konflikt? Wer versucht sich mit welchen Strategien welches Bedürfnis zu erfüllen? Welches Gefühl ist im Raum, weil ein Bedürfnis nicht berücksichtigt ist? Und welches Bedürfnis ist das?

EINE ACHTSAME HALTUNG UND FÜNF GRUNDÜBERLEGUNGEN FÜR EINE KOMPLETT NEUE SICHT AUF DIE WELT

Achtsame Kommunikation ist nicht etwas, das du bei Gelegenheit mal kurz aus der Ecke kramst, wenn es nötig wird – wenn du wirklich achtsam mit deinen Worten und Gedanken umgehst, kann das deine komplette Haltung zum Leben umkrempeln.

Nun geht es in diesem Buch darum, dass du deine Bedürfnisse und Wünsche erfüllt bekommst und glücklicher leben kannst. Vielleicht wirst du denken: »Das ist doch alles Hippie-Träumerei und geht auf Kosten anderer, wenn ich nur meine eigenen Ziele verfolge, wenn man mal ehrlich ist.«

Darum ist es hilfreich, wenn du ein paar Grundannahmen checkst: wie du über Menschen im Allgemeinen denkst und ob das hilfreich ist, um glücklich zu leben und in Verbindung zu bleiben.

Ausgehend von der Haltung der GFK (siehe auch den Infokasten zu Rosenberg auf S. 10) sind hier ein paar Annahmen, die vielleicht nicht mit dem übereinstimmen, was du an anderer Stelle oft über das Wesen der Menschen gehört hast. Aber überprüfe einmal für dich, ob sie zutreffen könnten und du ihnen zustimmst:

1. *Was alle Menschen eint, ist, dass sie Gefühle und Bedürfnisse haben.*

2. *Das, wonach sich Menschen sehnen, ist, sich ihre Bedürfnisse zu erfüllen. Alles, was Menschen tun, tun sie, um sich wichtige Bedürfnisse zu erfüllen.*

3. *Es gibt keine negativen Bedürfnisse, nur Strategien mit schädlichen Konsequenzen.*

4. *Wichtiges Bedürfnis praktisch aller Menschen ist es, dass sie verstanden und ernst genommen werden wollen. Auch schlecht erträgliche und unverständliche Handlungen sind Ausdruck davon, dass Menschen gehört, verstanden und ernst genommen werden wollen.*

5. *Menschen kooperieren gerne und helfen anderen Menschen, auch deren Bedürfnisse zu erfüllen – unter einer Bedingung: Wenn ihre eigenen Bedürfnisse erfüllt sind bzw. sie darauf vertrauen, dass auch ihre eigenen Bedürfnisse beachtet werden.*

Eine wichtige Grundüberlegung bei der Erfüllung von Bedürfnissen ist darum, ob die Bedürfnisse aller im Blick sind. Darauf baut auch eine mögliche Definition von Gewalt auf: »Gewalt ist, wenn jemand sagt: Mir ist vollkommen egal, was die Bedürfnisse von anderen sind, und ich bin auch nicht bereit, sie mir anzuhören.« So in etwa hat es Klaus Karstädt in seinem Buch „Gewaltfreie Kommunikation – das Basistraining« formuliert.

Hier beginnt auch die Achtsamkeit im Umgang miteinander: Sind wir überhaupt bereit, uns die Bedürfnisse von anderen anzuhören? Und bekommen wir überhaupt mit, wann und warum wir das manchmal nicht so gut können? **Wenn du beginnst, achtsam die Mechanismen in der Sprache zu beobachten, dann beginnst du zu sehen, auf welche Weise wir sagen und hören, was wir brauchen.** Und dieses Wie hängt oft schon damit zusammen, dass wir andere Annahmen über das Wesen der Menschen haben als in den fünf Grundannahmen oben dargestellt.

Gelingt es immer, in dieser Haltung zu sein? Ist das überhaupt realistisch, immer in dieser Verständnishaltung zu leben, zu entscheiden, zu kommunizieren? Auch für mich ist es immer wieder eine Herausforderung angesichts der Ereignisse in meinem Leben und in der Welt. Und auch während des Schreibens dieses Buches gab es in meinem Alltag immer wieder Situationen, wo es mir nicht leichtfiel, in den Emotionen entspannt den Blick auf die Bedürfnisse zu halten und nicht in bekannte Muster zu fallen. Und manchmal gibt es Momente, in denen ich daran verzweifle und mich frage, ob dieses ganze Modell wirklich das Gelbe vom Ei ist.

Sobald ich merke, dass es mir gerade schwerfällt, eine Bedürfnishaltung einzunehmen, ist das allerdings ein entscheidender Hinweis für mich. Dann bin ich bereits nicht mehr komplett in meinem Dramafilm im Kopf und kann reflektieren, ob es wirklich hilfreich ist, jetzt ins Rechtfertigen, Verteidigen oder Beschuldigen zu gehen. Das mitzubekommen und einzuordnen, ist ein Teil von Achtsamkeit: **Wie ein Adler von oben zu betrachten, was in mir los ist, und mich dann schneller wieder in eine neue Haltung zu bewegen.** Dann kann ich Verantwortung übernehmen, und mir wird klar, dass ich es sinnvoll und lebensdienlich finde, in eine bedürfnisorientierte Haltung zu gehen.

ACHTSAM UND EFFEKTIV KOMMUNIZIEREN MIT MARSHALL ROSENBERGS VIER SCHRITTEN

In puncto effektiver und achtsamer Kommunikation sind »die vier Schritte« nach Marshall B. Rosenberg ein wichtiger Schlüssel, mit dem du eine Tür in eine komplett neue Welt aufschließen kannst. Diese vier Aspekte sind ein zentrales Element in der Gewaltfreien Kommunikation und kommen auch in diesem Buch immer wieder vor. Auch wenn es bei Gewaltfreier Kommunikation vor allem um die innere Haltung geht: Wenn du diese Methode verinnerlichst und häufig übst, verändert sich deine Beziehung zu dir und zu anderen. So funktioniert sie wie ein Steigbügel, um zu einer wertschätzenden Haltung im Leben zu gelangen.

Auch wenn es mir nicht immer gelingt, hat sich meine Haltung zum Leben insgesamt komplett verändert, selbst wenn es hart auf hart kommt. Die Schritte im Hinterkopf zu haben, hat mein Leben viel schöner, bunter und auch einfacher gemacht. Meine Gefühle und Bedürfnisse sind von ungebetenen Gästen zu meinen Freunden und Coaches geworden, die mir helfen, mich für meine Ziele und Werte einzusetzen.

Du kannst dich prima an den vier Elementen entlanghangeln wie an einer Checkliste. Mit ihrer Hilfe kannst du sicherstellen, dass du den Fokus auf die Informationen legst, die wesentlich sind:

1. Wahrnehmungen
Zuerst geht es um die Grundlage, damit schaffst du eine gemeinsame Realität: Was genau ist los, um welche Sache geht es eigentlich?

2. Gefühle
Dann machst du transparent, was du fühlst: Wie geht es dir mit dem Thema? Welche Emotionen entstehen bei dir dazu?

3. Bedürfnisse
Was ist dein Anliegen und kommt dir zu kurz?

4. Bitten
Und als letzten Schritt kannst du einen konkreten Vorschlag machen, was dein Gegenüber anders tun kann bei dem, was dich beschäftigt oder irritiert.

Stell dir als Beispiel vor: Jemand hat dir abgesagt und irgendwas daran beschäftigt dich. Dann klingt das etwa so:

1. Als du fünf Minuten vorm Losgehen **gesagt hast**: Ich komme nicht mit …

2. … war ich **verärgert** …

3. … weil mir **Verlässlichkeit** wichtig ist …

4. … **bist du bereit, mir zu sagen**, was dich davon abhält?

Vielleicht sagst du: »Okay, ich hab's verstanden – mache ich ab sofort, easy«, und willst das Buch zuklappen. Wenn du es dann zum ersten Mal ausprobierst, stellst du dann aber fest: Das kann ganz schön herausfordernd sein. Und es könnte sein, dass du merkst: Das ist zwar leicht zu merken, aber manchmal gar nicht so einfach anzuwenden. Auch für mich ist das immer wieder mal schwierig, alles so anzuwenden, wie ich gerne würde – gerade dann, wenn es emotional hoch hergeht. Darum geht dieses Buch auch noch weiter und wir schauen uns die Schritte und Fallstricke im Detail an. Und du bekommst einige Übungsmöglichkeiten für deinen Alltag mit.

DAFÜR SORGEN, DASS ANDERE SO VERSTANDEN UND ERNST GENOMMEN SIND, WIE DU DIR DAS SELBST AUCH WÜNSCHST

Mit den vier Schritten kannst du also schauen, ob alle wichtigen Informationen für dein Gegenüber und für dich dabei sind, wenn du etwas sagst.

Umgekehrt kannst du die vier Schritte auch verwenden, um jemandem Empathie entgegenzubringen. Wenn du also jemanden erlebst, der mit dir im Konflikt ist und von dem du Vorwürfe hörst, kannst du mit diesen vier Schritten auch wieder den Fokus auf die vier Teile richten. So holst du die andere Person da ab, wo sie ist, damit ihr wieder in Verbindung treten könnt.

1. Du hast **vorhin gesagt**: »Das finde ich absolut bekloppt, das ist total umständlich!«

2. Ich vermute, du warst **genervt,** …

3. … weil du das **effektiv** regeln magst …

4. … würdest du gerne noch mal **gemeinsam eine bessere Lösung finden**, die effektiver ist?

Darum kann Empathie einen (drohenden) Konflikt komplett drehen:

- Verstanden und ernst genommen zu werden sind zentrale Wünsche der meisten Menschen.

- Wenn du das tust, sorgst du dafür, dass ihr gemeinsam auf die Bedürfnis- ebene gehen könnt und gemeinsam eine Lösung findet.

- Dann kann der andere meistens auch hören, was deine Perspektive auf die Sache ist.

ZUTATEN ZUM ZOFFEN. WARUM ES KRACHT UND WAS DU STATTDESSEN TUN KANNST

>*Du kannst Recht haben oder glücklich sein. Beides gleichzeitig geht nicht.*«

MARSHALL B. ROSENBERG

WIE PASST DER GEDANKE IN DEIN LEBEN? → *Wo denkst du, dass du im Recht bist? Was würde passieren, wenn du das nicht mehr glaubst?*

Hast du dich auch schon gewundert, wie es kommen konnte, dass du dich mitten in einem emotional turbulenten Streit befindest?

Generell wünschen wir uns, aufrichtig sein zu können und dass gehört wird, was wir brauchen und wie es uns geht. Meist hatte niemand die Absicht, jemanden zu verletzen, und keiner versteht, wie es passieren konnte, dass ein paar harmlose Sätze zu einem ausgewachsenen Konflikt werden. Wir wollten doch nur ehrlich sein und sagen, was los ist!

Ich mache in diesem Kapitel mit dir eine kleine Reise in die Jagdgründe des Streithahns. Bevor wir dazu kommen, was du tun kannst, um achtsam aufrichtig zu sein, schauen wir uns hier verbreitete Gründe an, weshalb Konflikte entstehen. Oft sind es kleine Worte und Denkmuster mit großen Auswirkungen, die ursächlich daran beteiligt sind. Wenn wir uns einmal umgesehen haben bei diesen Gründen, kannst du besser erkennen, was du in deiner Kommunikation umschiffen kannst.

ZOFF-GRUND 1 – DU SETZT DIE SCHULDBRILLE AUF. WARUM DICH DIE FRAGE, WER SCHULD IST, NICHT WEITERBRINGT

Setz die Schuldbrille auf und du hast viel zu tun im Reich des Rechthabens. Wir können zwei unterschiedliche Standpunkte einnehmen, wenn wir sagen wollen, was nicht so gut läuft. Der eine ist ziemlich beliebt und sieht ungefähr so aus:

Schuldbrille
»Ich sage dir jetzt mal ehrlich, was mich stört bei dem, was du machst, was mit dir nicht stimmt, was ich über dich denke, wie ich dich bewerte und was du tun solltest.«

Mit jemandem lange zu sprechen, der dir diese Art von Aufrichtigkeit anbietet, wäre vermutlich ziemlich ätzend. Das Verrückte ist: Fast jeder und jede lässt diese Art von Äußerungen vom Stapel. Und oft reden wir so, weil wir nicht wissen, wie es anders geht.

Aber du kannst jederzeit etwas anderes tun. Nämlich mit dem Fokus auf deine Bedürfnisse und Gefühle in die Situation gehen:

Bedürfnisbrille
»Ich sage dir jetzt mal aufrichtig, wie es mir geht, was ich brauche und was du dafür tun kannst.«

Werde zum Alchemisten und verwandle Gespräche über stahlharte Schuldzuweisungen in Gold: in die Bedürfnisse – und rede über das, worum es wirklich geht. Wenn klar ist, wer welches Bedürfnis hat, kommst du auch viel schneller und einfacher zum Punkt. Wenn du dich in der Frage darüber verstrickst, wer schuld ist, ist keinem geholfen.

Die Schuldbrille ist eine der wichtigsten Zutaten zum Zoffen. In diesem Kapitel schauen wir uns weitere Muster und Denkgewohnheiten an, an die wir uns im Laufe unserer Erziehung und Sozialisierung gewöhnt haben — und mit denen wir gekonnt raus aus der Verbindung und rein in den Streit stolpern.

Meist geht es in Konflikten darum, wer schuld ist. Achte mal darauf: Du findest dieses Schuld-Prinzip einfach überall: In der Politik, im Sport, bei der Arbeit – und immer wieder auch in deinen persönlichen Beziehungen. Das Tolle ist: Genau da kannst du anfangen und üben, einen Unterschied zu machen. Versteh mich nicht falsch: Du sollst nicht aufhören, eine Meinung zu haben und Position zu beziehen. Es geht darum, die Meinung zu haben, ohne jemanden ins Unrecht zu setzen und Schuld zuzuweisen.

Wenn die Frage ist, wer schuld ist, verpufft unsere Energie in der Suche nach dem Schuldigen — und in der Frage, wie derjenige dafür geradestehen oder gar bestraft werden sollte. Und weil Gedanken deine Gefühle machen, ist auch die Stimmung direkt im Keller. Wer die ganze Zeit überlegt, was andere (oder du selbst) falsch gemacht haben, wird vermutlich viel mit Wut, Angst, Scham oder Traurigkeit befasst sein.

Falls du gerne die Kontrolle hast bzw. falls du gerne handlungsfähig sein willst, ist es ebenfalls unsinnig, nach den Schuldigen zu suchen. Wenn du anderen die Schuld gibst, gibst du bei ihnen auch deine Möglichkeit ab, etwas für die Problemlösung zu tun. Und nimmst sie dir selbst, denn du hast keinen Einfluss auf das, was letztlich passiert.

Übrigens ist die Suche nach der Ursache etwas anderes als die Suche nach der Schuld. Übernimm die Verantwortung, indem du dich nicht um die Schuldfrage scherst, sondern deine Energie in die Lösung investierst. Die Ursache kann gelöst und behoben werden.

ZOFF-GRUND 2 – DU BENUTZT DIE VIER STANDARD-FALL-STRICKE: INTERPRETIEREN, PSEUDOGEFÜHLE, »FALSCHE« STRATEGIEN BEKLAGEN, FORDERN

>*»Die Probleme, die es in der Welt gibt,*
können nicht mit den gleichen Denkweisen gelöst
werden, die sie verursacht haben.«

ALBERT EINSTEIN

WIE PASST DER GEDANKE IN DEIN LEBEN? → *Wie ist deine Sichtweise darauf, wie Probleme entstehen? Was oder wer ist in dieser Sichtweise die Ursache der Probleme? Was passiert mit dem Problem, wenn du das nicht mehr denkst?*

Oft entzünden Konflikte sich an Aussagen, die Vorwürfe enthalten, selbst wenn das nicht beabsichtigt ist. »Aber bitte nicht als Kritik verstehen!« ist ein häufiger Versuch, das deutlich zu machen. Aber wie kommen die Vorwürfe dann trotzdem in unsere Aussagen hinein? Das liegt an den vier Standard-Mustern, mit denen wir versuchen auszudrücken, was in uns los ist. Vermeide sie, und du zündest nicht mehr aus Versehen einen Konflikt an.

Die vier Schritte der Gewaltfreien Kommunikation gibt es nicht ohne Grund: Sie sind quasi das Gegenteil von den Punkten, an denen Kommunikation meistens schiefläuft. Hier mal ein Beispiel, was ich meine:

»Immer lügst du mich an! Ich fühle mich benutzt. Respektier' mich endlich mal!! Ich will, dass du mich nicht mehr so mies betrügst!«

Vermutlich wird diese Aussage nicht zu mehr Verbindung führen. Und doch werden ähnliche Sätze tatsächlich oft gesagt. Nicht immer so drastisch, aber in milderen Formen – ich habe in diesem Beispiel absichtlich etwas über-trieben. Was verstecken sich hier also für Stolpersteine? Die rollen einem nämlich oft unbemerkt in den Weg und machen Kommunikation schwierig.

STANDARD-FALLSTRICK	TU STATTDESSEN DAS
interpretieren	→ **präzise wahrnehmen**
»Das ist dumm von dir.«	*»Du hast im Parkverbot geparkt und unser Auto wurde abgeschleppt.«*
denken	→ **fühlen**
»Du machst mich wahnsinnig.«	*»Ich bin sauer.«*
sagen, was dein Gegenüber falsch macht	→ **Bedürfnisse benennen**
»Nix kann man dir anvertrauen.«	*»Mir ist Achtsamkeit wichtig. «*
fordern	→ **bitten**
»Ich erwarte von dir, dass du den Schlamassel wieder gutmachst!«	*»Kannst du bitte den Abschleppdienst anrufen und das Auto heute noch holen?«*

Schau also genau hin, dann fällt dir schnell auf, wie oft sich diese vier Standard-Muster einschleichen. Wenn du dranbleibst und dir die vier Schritte der Gewaltfreien Kommunikation einprägst, fällt es dir bald leicht, diese Stolperfallen zu umgehen.

FALLSTRICK 1: MIT EINER INTERPRETATION BESCHREIBEN, WAS PASSIERT IST

»Du warst abweisend« – *»Du hast mich angelogen«* – *»Der ist faul!«* – *»Du lässt mich warten«*. Vielleicht denkst du, dass du damit eine supergenaue Beschreibung ablieferst von dem, was passiert ist. Zonk! Ich würde sagen: Das sind alles Interpretationen von etwas, das du gehört, gesehen oder wahrgenommen hast. Und mit jeder Interpretation verringerst du die Wahrscheinlichkeit, dass dein Gegenüber bereit ist, dir zuzuhören. Falls du schon in einem Streit bist, wirst du spätestens dann in einen Streit über die korrekte Interpretation der Realität einsteigen: *»Das ist nicht wahr!«*

Es gibt einen einfachen Test, mit dem du herausfindest, ob du über eure gemeinsame Realität gesprochen hast: Solange dein Gegenüber **»Das stimmt nicht«** sagt, ist es eine Interpretation. Dann darfst du einen neuen Versuch starten.

Das könnte zum Beispiel so klingen: »Hm, okay – also was ich beobachtet habe und woran ich mich erinnere, ist ...« [Und hier kommt deine präzise Beobachtung rein. Wie du die möglichst gut hinbekommst, erfährst du in Kapitel 3], z. B.: »..., dass du gesagt hast, du räumst auf bis heute Mittag. Jetzt ist es Abend und die Bücher, die Decke und Kleidung liegen immer noch am selben Ort.«

Was aber, wenn du denkst, dass es so ist?

1. Sag es einfach: »Du hast gesagt, du warst nicht dort. Ich denke allerdings, das stimmt nicht.« Wichtig ist dabei, zu markieren, dass das dein Gedanke ist und nicht die beobachtete Realität. Und ergänze am besten dazu noch, was genau du gehört oder beobachtet hast. Dann habt ihr eine gemeinsame Grundlage für das Gespräch. Das ist etwas anderes als zu sagen: »Du bist eine Lügnerin!«

2. Nenne einfach die exakte Beobachtung, die du gemacht hast. Sei so präzise, wie du nur kannst – ohne auch nur ein einziges wertendes Wort zu nutzen: »Du bist 15 Minuten später gekommen, als wir das verabredet hatten.« Klingt schwierig? Ist es auch – zumindest hat das schon Krishnamurti gesagt:

»Die höchste Form menschlicher Intelligenz ist die Fähigkeit, zu beobachten, ohne zu bewerten.«

JIDDU KRISHNAMURTI

Wie du noch klarere Beobachtungen machen kannst, findest du in Kapitel 3.

FALLSTRICK 2: PSEUDOGEFÜHLE – MIT URTEILEN UND GEDANKEN ÜBER GEFÜHLE SPRECHEN

Eine andere häufige Ursache, weshalb Streitigkeiten eskalieren, ist, deinem Gegenüber deine Gefühle vorzuwerfen, statt zu sagen, was du fühlst. Noch nie gemacht? Schau dir mal diese Beispiele an, vielleicht kennst du das ja doch:

- »Ich fühle mich von dir verarscht!«
- »Ich fühle mich vernachlässigt!«
- »Ich fühle mich eingeengt von dir!«
- »Ich habe das Gefühl, dass du nicht die Wahrheit sagst!«
- »Ich spüre von dir immer nur Ablehnung mir gegenüber!«
- »Ich fühle mich wie ein Fußabtreter!«

Hast du es bemerkt? Hier geht es aber gar nicht um Gefühle, sondern um Gedanken. **Daher nennen sich diese Art von Gefühlsaussagen »Pseudogefühle«. Das sind Formulierungen, die so tun, als würden sie Aussagen über die Empfindungen machen, aber oft nichts über die tatsächlichen Gefühle aussagen.** Was genau ich meine, wenn ich von tatsächlichen Gefühlen spreche, schauen wir uns in Kapitel 3 an.

Ohne Vorwurf geht es, wenn du wirklich über Gefühle sprichst und sagst, was du im Körper für ein Gefühl wahrnimmst. Wenn du also das Fühlen der Gefühle tatsächlich deinem Körper überlässt.

Das ist am einfachsten, wenn du die vier folgenden Grundgefühle benutzt und dir überlegst, welches von diesen vier – Freude, Ärger, Traurigkeit und Angst – am ehesten zu dem passt, was du in dir wahrnimmst. Sag dann auch dazu, um welches Bedürfnis es dir geht:

- »Ich fühle mich **verärgert**, weil ich keine **Klarheit** habe, ob du die Sache ernst nimmst.«

- »Ich fühle mich **traurig**, weil wir schon lange nichts mehr **gemeinsam** gemacht haben.«

- »Ich bin etwas **ängstlich**, weil ich nicht weiß, ob das stimmt, und ich wünsche mir **Transparenz.**«

- »Ich **ärgere** mich, weil ich mir **Beachtung** wünsche und **dazugehören** will.«

→ EXPERIMENT

Wann hast du zuletzt ein Gefühl in einen Gedanken verpackt? Wie ist das Gespräch gelaufen? Was wäre das Gefühl gewesen, das hinter dem Vorwurf gesteckt hat? Wenn du mutig bist und es passt, kannst du auch noch mal zu der Person gehen und sagen, wie es dir ging: »Du, letztens, als ich gesagt habe, dass ich mich vernachlässigt fühle, habe ich mich in Wirklichkeit traurig gefühlt, weil ich gerne was mit dir gemeinsam gemacht hätte.«

Mit einem Pseudogefühl versehentlich Vorwürfe machen

Wenn du Spaß an Konflikten hast, kannst du auch Grundgefühle zu Pseudogefühlen verwandeln. Du merkst vielleicht, dieser Satz ist von mir nicht ganz ernst gemeint. Dennoch ist diese Möglichkeit sehr verbreitet und überall zu finden und sorgt nicht nur für das schlechte Image von Gefühlen, sondern auch dafür, dass du keine Lust hast, über Gefühle zu sprechen.

Aber lassen wir es ruhig mal krachen (theoretisch): Du kannst die Schwierigkeiten, die du im Abschnitt davor kennengelernt hast, noch etwas steigern, indem du gezielt die andere Person in dein Pseudogefühl hineinpackst:

- »Ich fühle mich abgewertet, **weil du** ...«
- »Ich fühle mich vernachlässigt, **weil du** ewig mit deinen Kollegen geredet und mich null beachtet hast.«

Das kannst du auch mit einem echten Gefühlswort machen:

- »Ich fühle mich traurig, **weil du** ...«
- »Das macht den Papa traurig, **wenn du** ...«
- »**Damit hast du mich** wütend gemacht!«

Damit gibst du jemand anderem die Verantwortung an deinen Gefühlen und weist ihm die Schuld dafür zu. So landest du direkt in der Welt von Schuld und Sühne, und es wird ein Stückchen komplizierter, dort wieder herauszukommen. Um das zu vermeiden, übernimm Verantwortung für deine Gefühle und lass andere Personen daran komplett unbeteiligt.

Wenn du die vier Schritte verwendest (**Wahrnehmung** – **Gefühle** – **Bedürfnisse** – **Bitten**), hilft es dir, dieser Falle zu entgehen, weil du dann die Beobachtung, was der andere getan hat, sauber von deinem Gefühl und der Wahrnehmung abtrennst:

- Du hast jetzt drei Stunden mit deinen Kollegen gesprochen und zehn Minuten mit mir. Ich bin traurig, ich weil mich gerne ausgetauscht hätte (Bedürfnis: Austausch).

→ **Statt:** »Du hast mich überhaupt nicht beachtet.«

FALLSTRICK 3: STATT ÜBER DEIN BEDÜRFNIS ÜBER EINE FIXE IDEE VON DIR REDEN

Mit einer starren Idee, was jemand tun oder lassen soll und was richtig und falsch ist, lässt sich prima streiten. Das ist mir früher oft passiert, und auch heute hänge ich manchmal noch an einer konkreten Art, wie eine Sache gelöst werden soll. Wenn du andere Gedanken und Möglichkeiten nicht zulässt und an einer ganz bestimmten Vorstellung hängst, wie etwas umzusetzen ist, wird es schwierig, sich über eine gemeinsame Lösung zu verständigen:

- *»Ich will jetzt aber, dass du sofort X tust!«*
- Oder die etwas milderen Versionen *»Sei so lieb und mach das jetzt für mich«*, oder: *»Kannst du das jetzt mal bitte endlich so machen, wie ich gesagt hab, und nicht anders?«*

Was du in diesem Fall tust, ist, Strategien vorzuschlagen. Das sind allerdings nur die Ideen, mit denen du deine Bedürfnisse erfüllt haben willst. Wenn du also die Wahrscheinlichkeit erhöhen willst, eine Lösung auch zu erzielen, dann schau auf dein Bedürfnis.

Manchmal hängst du aber vielleicht total an deiner Idee. Dazu kannst du deinen Blick etwas weiten und andere Möglichkeiten in Betracht ziehen, wobei das immer noch Strategien sind und dem anderen nicht sehr viel Raum lassen, selbst zu entscheiden:

- *»Ich wünsche mir, dass du jetzt endlich mal wieder mit mir einen Film schaust.«*
- *»Ich wünsche mir, dass du heute noch Zeit mit mir verbringst.«*
- *»Ich wünsche mir, dass du nachher noch mit mir spazieren gehst.«*

Das sind alles Strategien, um sich beispielsweise das Bedürfnis nach Gemeinsamkeit zu erfüllen. Wenn dir das Bedürfnis klar ist, kannst du sogar noch mehr Möglichkeiten entwickeln:

- *»Ja, ich weiß, du magst gerade noch an deinem Projekt arbeiten. Ich habe total Lust, mit jemandem was gemeinsam zu machen. Ich frage meine Freunde, ob die mit mir einen Film schauen wollen. Vielleicht hast du ja auch noch Lust, nachher vorbeizukommen, wenn du fertig bist?«*

- *»Ich wünsch mir etwas Gemeinsamkeit, ich war total viel allein unterwegs. Hast du heute oder morgen Zeit und magst mit mir zwei Stunden etwas gemeinsam unternehmen?«*

Das war jetzt ein recht einfaches Beispiel. Das Ganze gilt auch für größere Konflikte. **Wenn darüber gestritten wird, wie man ein Problem löst und die verschiedenen Methoden diskutiert – »alle sollten das tun« –, dann findet der Streit um Strategien statt.**

Zur Veranschaulichung noch ein Beispiel aus der Arbeitswelt – Mehrarbeit. Die Debatte über das passende Vorgehen könnte in der Firma also statt »Alle müssen jetzt Überstunden machen« ganz anders klingen: »Uns liegt Verlässlichkeit gegenüber unseren Kunden am Herzen. Und wir wollen alles dafür tun, um noch rechtzeitig unsere Zusage einzuhalten. Unser Vorschlag ist, dass wir gezielt ein paar Überstunden für zwei Wochen einplanen. Welche Möglichkeiten haben wir außerdem?«

 **→ EXPERIMENT**

Welche Strategien entwickelst du, wenn deine Bedürfnisse nicht gehört und ernstgenommen werden? Sind sie lebensdienlich? Welche Strategien entwickeln deine Partner, deine Kinder oder Menschen in deinem Arbeitsumfeld, wenn ihre Bedürfnisse nicht gehört und ernstgenommen werden?

FALLSTRICK 4: MIT FORDERUNGEN UND ERWARTUNGEN SAGEN, WAS DU DIR WÜNSCHST

Wie bekommst du, was du brauchst? Wenn du die Wahrscheinlichkeit reduzieren willst, dass du jemals das bekommst, was du dir wünschst, dann könnte die Antwort auf diese Frage sein, »*indem ich einfordere, was mein gutes Recht ist*«. Stelle an dein Gegenüber unbemerkt oder bewusst eine Forderung und du wirst deutlich spüren, wie die Kooperationsbereitschaft bei ihm sinkt wie die RMS Titanic, nachdem sie auf Grund gelaufen ist.

Diese oder ähnliche Gedanken könnten hinter einer Forderung stecken – und das ist der Eisberg, an dem ihr kollidieren könnt: »*Das ist, wie ich es haben will, und zwar genau zu diesem Zeitpunkt. Und wenn du das nicht tust, wirst du eine unangenehme Konsequenz von mir zu spüren bekommen. Entweder indem ich dich bestrafe oder du eben die Belohnung von mir nicht bekommst.*« All das reduziert die Wahrscheinlichkeit, dass andere kooperieren wollen.

Strafen, ohne es zu bemerken
Der entscheidende Punkt ist, ob du beabsichtigst zu strafen oder zwischen den Zeilen schon zu merken ist, dass du bestrafen könntest. Du denkst, »*Ach komm, hier von Bestrafen zu sprechen wäre übertrieben*«? Unten siehst du ein paar Möglichkeiten, wie das passieren kann. Die eine oder andere davon hast du vielleicht auch selbst schon mal benutzt oder sie wurde dir gegenüber verwendet:

• schmollen, einsilbig werden

• absichtlich Nein sagen, obwohl es kein Problem wäre, Ja zu sagen

• Liebe entziehen, warten lassen

• Einschränkungen, Kontaktabbruch androhen, z. B.: »Dann sind wir keine Freunde mehr.«

• körperliche Gewalt androhen

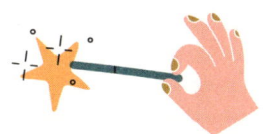

Das sind alles Ideen, die darauf hinweisen, dass du eine Forderung an jemanden gerichtet hast. Denk noch mal an die Grundannahme aus Kapitel 1:

Wenn ihre Bedürfnisse erfüllt und sie gesehen und ernst genommen sind, tragen Menschen gerne dazu bei, dass auch andere ihre Bedürfnisse erfüllen können.

Sag also, was du dir wünschst und was deine Bitte an die andere Person ist – im Wissen, dass sie »*Nein*« sagen kann oder momentan nicht bereit ist, diese Bitte zu erfüllen.

Wenn du jetzt aber sagst: »*Ich habe einfach die Erwartung, dass das so läuft*« – dann mach das zumindest transparent. Am besten, indem du mitteilst, dass dir gerade keine andere Strategie einfällt. Du kannst sagen, warum es dir so wichtig ist. Welches Bedürfnis erfüllt die oder der andere damit, wenn sie oder er das tut? Vielleicht so: »Ich mag in dem Fall gern sicher gehen, weil ich weiß, dass es bei mir immer gut funktioniert hat, wenn ich es so gemacht habe.«

ZOFF-GRUND 3 – EINE DER KOMMUNIKATIONSSPERREN BENUTZEN

Wir haben uns mit der Schuldbrille und den Standard-Fallstricken jetzt schon zwei Stolpersteine angeschaut, die den Weg etwas holprig gemacht haben; jetzt kommt ein ausgewachsenes Hindernis mit gleich zwölf Varianten. Und die lassen sich auch noch kombinieren, zum Beispiel so: »Das weißt du selbst, dass das nicht stimmen kann, oder hast du das nicht gelernt? Du solltest einfach mal vernünftiger sein ...«. Das wäre dann eine Mischung aus den drei Sperren Belehren, Beschämen und Kritisieren. Auf Seite 32/33 findest du eine Tabelle mit den zwölf Kommunikationssperren, dort kannst du selbst ein bisschen Barrierenkunde betreiben und diese interessanten Wegelagerer kennenlernen.

Wahrscheinlich hast du selbst schon oft eine oder mehrere dieser Kommunikations-Blocker benutzt, vielleicht gibt es auch einen, den du besonders häufig verwendest. Falls du möchtest, dass es richtig kracht, benutze sie dann, wenn die andere Person bereits emotional ist. Das Tragische ist nämlich: Obwohl wir es nicht wollen oder überhaupt merken, gießen wir damit Öl ins Feuer. Das Ergebnis ist dann nicht, dass der Konflikt gelöst ist. Wenn wir diese Blocker benutzen, wird jemand, der bis dahin ängstlich oder traurig ist, entweder komplett verstummen oder wütend sein. Und wer schon irritiert oder leicht wütend ist, wird eher noch ein Stückchen näher an der Explosionsgrenze sein.

Je größer das Machtgefälle ist zu der Person, mit der du sprichst, desto wahrscheinlicher nutzt du eine der Sperren. Wenn du zum Beispiel mit »widerspenstigen« Kindern sprichst, dann kann es gut sein, dass dir eine solche Sperre schneller und unbemerkt über die Lippen geht.

Der amerikanische Psychologe Thomas Gordon (1918–2002) hat diese Hindernisse für Verständigung 1970 in dem Ratgeber »Familienkonferenz« für Eltern aufgelistet. Jede dieser Sperren bringt eine Irritation in deine Kommunikation und ist das Gegenteil von Empathie. Sie sind für dein Gespräch so nützlich wie ein vorbeifahrender Krankenwagen und für deinen Konflikt so beruhigend wie ein Bund frischer Brennnesseln im Gesicht. Und obwohl sie absolut nicht gut funktionieren, sind sie so weit verbreitet, dass vermutlich auch du sie schon alle angewendet hast.

Das Tolle an ihnen ist: Sobald du sie kennst und darauf achtest, kannst du sie auch vermeiden und dein Gespräch zu mehr Verbindung führen.

Die Kommunikationssperren in Aktion

Stell dir also vor, du bist in einem Streit mit wahlweise deinem Kind, deinem Partner oder jemandem mit anderer politischer Meinung und du hörst folgende Aussage:

»Das nervt mich! Was soll der Mist? Das ist doch vollkommen bescheuert!«

Wie reagierst du? Nimm dir einen Moment Zeit, bevor du weiterliest, und stell dir die Situation vor, in der du das hörst. Welche möglichen Antworten kommen dir in den Sinn? Was ist eine Reaktion, die dir als Erstes auf der Zunge liegt? Welche bereitet dir vielleicht eine diebische Freude? Und bei welcher denkst du, dass du ein besonders guter Mensch mit prima achtsamen Qualitäten bist?

Hast du die Fragen für dich beantwortet? Auf der nächsten Doppelseite findest du ein paar Beispiele dafür, wie solche Kommunikationssperren aussehen könnten. Bestimmt kommen dir einige davon bekannt vor.

DIE ZWÖLF KOMMUNIKATIONSSPERREN

1. befehlen

»Komm mal runter! Ich will dich
so nie wieder mit mir reden hören!«
»Lass mich ausreden!«

2. warnen, drohen

»Sprich noch einmal so mit mir
und wir haben zum letzten Mal
zusammen gesprochen!«

3. moralisieren, philosophieren

»Das ist unangemessen und
egoistisch. So reden nur herzlose
Menschen.«

4. beraten, Lösungen vorschlagen

»Vielleicht solltest du mal zum
Psychologen und mit dem über
deine Blockaden sprechen.«
»Du solltest das einfach mal mit
jemandem anschauen, der das
selbst erlebt hat.«

5. belehren, logisch argumentieren

»Es ist einfach unklug, das nicht zu
tun. Objektiv ist es so das Beste.«
»Schau mal, die Fakten sprechen
eine eindeutige Sprache.«

**6. urteilen, kritisieren, Vorwürfe
machen, widersprechen**

»Du machst damit all unsere
Bemühungen kaputt!«
»Das stimmt einfach nicht, dass
das bescheuert ist!«

7. einschmeicheln, loben

»Du bist doch eigentlich total
vernünftig.«
»Das ist so mutig von dir, dass du
deine Wut ausdrückst!«

8. beschämen, beschimpfen

»Süß, wie du dich wieder aufregst.«
»Schämst du dich nicht, so bockig zu sein?«
»Das zeigt einfach, dass du zu dumm dafür bist, um anständig darüber zu reden.«

9. interpretieren, analysieren, Diagnosen abgeben

»Offenbar kennst du dich nicht aus, sonst hättest du das schon verstanden.«
»Vielleicht erinnert dich das einfach an das, was du mit deinem Vater erleben musstest.«
»Das ist ein Beispiel für deinen Narzissmus.«

10. beruhigen, abwiegeln

»Schatz, es ist alles in Ordnung. Gleich geht's dir wieder besser.«
»Aber es ist doch nur eine winzige Sache.«

11. hinterfragen, verhören

»Was stimmt denn nicht?«
»Wann hat das angefangen, dass du damit ein Problem hast?«

12. ablenken, ausweichen

»Egal, hat eh keinen Zweck. Lass über was anderes reden.«
»Mensch, dabei wollte ich gerade was Schönes mit dir machen. Sollen wir eine Serie schauen?«

Die »zwölf Straßensperren der Kommunikation« waren für mich eine Offenbarung – allerdings zuerst eine ziemlich schmerzhafte. Obwohl mir gar nicht alle zwölf im Kopf präsent waren, ist mir über den Tag hinweg häufiger aufgefallen, dass ich gerade eine benutzt habe. Bemerkt habe ich es dann, wenn plötzlich irgendwas »anders« war zwischen mir und jemand anderem und ein »komisches« Gefühl zurückblieb. **Und dann fiel mir auf: »Argh! Schon wieder eine Sperre benutzt!« – Dadurch konnte ich schnell zurückverfolgen, wo es bei mir gehakt hat.**

Zu bemerken, dass ich gerade eben nicht achtsam kommuniziere und zuhöre, sondern eine Diagnose abgebe oder einen Ratschlag erteile, hat mich sehr wachsam gemacht. Gerade Ratschläge hielt ich immer für eine sehr angemessene Lösung, mit der ich Punkte auf mein Karma-Konto laden und jemandem helfen konnte. Und manchmal sind Ratschläge auch wirklich hilfreich und erwünscht; ich habe aber bemerkt, dass ich sicherstelle, mich nicht in die Angelegenheiten von anderen einzumischen, wenn ich erst nachfrage, ob jemand gerade überhaupt einen Rat von mir haben will: »Ich habe gerade eine Idee dazu – magst du die hören?«

Oft steht eine positive Absicht dahinter, wenn eine der Sperren angewendet wird, z. B. auf das Gesagte einzugehen und zu helfen. Es ist also nichts falsch damit, die Straßensperren anzuwenden, aber es führt eben oft zu anderen Ergebnissen. Und die sind sehr viel wahrscheinlicher Konflikte, Missverständnisse und Enttäuschungen.

Was du stattdessen tun kannst, sortiert nach Schwierigkeitsgrad:
• **Abwarten:** Wende einfach die Sperren NICHT an. Das heißt in der Praxis: Lieber kurz schweigen und abwarten, als eine zu verwenden. Dafür musst du aushalten, nichts zu entgegnen. Das ist besonders schwierig, wenn du gerade recht bekommen willst.

•**Spiegeln:** Das heißt, möglichst exakt wiederzugeben, was die andere Person gesagt hat: *»Das nervt mich! Was soll der Scheiß? Ich mach da nicht mit!«* – *»Oh, okay, das nervt dich und du machst da nicht mehr mit.«* – *»Ja, genau! Und ich bin ganz schön verzweifelt. Sag doch bitte auch mal was dazu!«* Oft kommt dann nämlich etwas ganz Anderes, weil dein Gegenüber erkennt, dass du zugehört hast.

• **Empathische Vermutungen anstellen:** Dabei geht es darum, das Gefühl und/oder das Bedürfnis der anderen Person zu erfassen und zu spiegeln. Sei neugierig, wie es der anderen Person geht: *»Das nervt mich! Was soll der Scheiß? Ich mach da nicht mit!«* – *»Bist du* **wütend?** *Und brauchst du gerade* **Klarheit** *und dass du* **selbstbestimmt** *entscheiden kannst, ob du das tun möchtest?«*

Um das anzuwenden braucht es etwas Übung, denn neben dem Gefühl ist auch das Bedürfnis oft etwas herausfordernd zu identifizieren. Und wenn es schon klappen sollte, klingt das manchmal etwas ungewohnt im Sprachgebrauch. Am besten lässt sich das in Übungsgruppen für Gewaltfreie Kommunikation lernen, dort spielt das meistens eine Rolle. Solche Gruppen kannst du online oder live in den meisten Städten finden und ausprobieren.

Einfach für jemanden da sein statt Lösungsanbieter sein
Zum Abschluss noch eine grobe Faustregel: Wenn du eine der beliebten **»W-Fragen«** als Antwort benutzt, bist du oft schon halb auf dem Weg in eine Kommunikationssperre. **Wer, wann, wo, was** und vor allem **warum** sind Fragen, mit denen du ziemlich wahrscheinlich beim Analysieren, Verhören oder bei einem der anderen Hindernisse landest. Das Risiko ist hoch, dass dein Gegenüber die Fragen nicht so versteht, wie du sie vielleicht gemeint hast:

- *»Wo kommt das denn her?«* (Forschen)
- *»Wann hat das angefangen?«* (Hinterfragen)
- *»Warum ist das denn so schwer?«* (Kann als Kritisieren verstanden werden)
- *»Was hat das denn damit zu tun?«* (Forschen, potenziell auch Ablenken)

Frag stattdessen lieber nach einem konkreten Gefühl, wie z. B. **»Bist du sauer?«,** oder einem Bedürfnis, wie z. B. **»Geht es dir um Respekt?«.**

OFT GEHT ES WIRKLICH DARUM, GEHÖRT ZU WERDEN, UND DAFÜR MUSST DU LETZTLICH NICHTS BESONDERES TUN.

Mir ist zunächst schwergefallen, das zu verstehen: Einfach nur zuhören? Also nichts tun? Wenn du dich das auch fragen solltest – ja, genau darum geht es oft. Schenk jemandem deine Präsenz, nicht deine Gedanken. Denn wenn du in Gedanken schon bei deiner Antwort bist, bist du nicht komplett präsent. Wenn du neugierig bist, wie die Welt der anderen Person wohl aussieht und was die Bedürfnisse sein könnten, die sie bewegen, ist der Person oft mehr geholfen als mit Lösungsvorschlägen.

ZOFF-GRUND 4 – IN EINE OPFERROLLE SCHLÜPFEN UND DARÜBER NACHDENKEN, WER DER TÄTER IST

»Gewalt entsteht aus dem Glauben, dass andere Menschen unsere Schmerzen verursachen und dafür Strafe verdienen.«

MARSHALL B. ROSENBERG

WIE PASST DER GEDANKE IN DEIN LEBEN? → *Eine Frage, die du dir bei Konflikten und »schlechten« Gefühlen stellen kannst: Gibt es jemanden, von dem du denkst, dass er oder sie die Ursache für deinen Ärger ist? Wie kommst du auf diesen Gedanken?*

Dieser Teil birgt eines der kraftvollsten Tools in diesem Buch. Und eines der kraftvollsten, um zu sehen, wie Konflikte beginnen oder am Laufen gehalten werden.

Wenn du den Fokus darauf hast, was fehlt und wer schuld ist, spielst du automatisch mit beim beliebtesten Gesellschaftsspiel für Konflikte, unglückliche Menschen und schlecht laufende Beziehungen: Dem Täter-Opfer-Spiel.

Falls dir gerade niemand ein Angebot für dieses nervenzehrende Spiel macht, dann kannst du mit den folgenden Schritten ganz einfach selbst das Drama eröffnen (tu's nicht, denn das ist die Anleitung, mit der es kracht – aber die wir überall beobachten können und unbewusst selbst oft mitspielen):

1. *Finde einen Grund, warum du ein unangenehmes Gefühl hast oder warum du unglücklich bist.*

2. *Interpretiere etwas, das jemand getan hat, als Ursache für das Gefühl.*

3. *Wenn dir das gelungen ist, betrachte denjenigen als den Verursacher. Voilà, du bist gerade in die Rolle des Opfers geschlüpft.*

4. *Teile der Person nun mit, dass sie schuld an deinem Gefühl ist.*

5. *Und schon befindest du dich mitten im Drama.*

Bald wird ein vermeintlicher Retter die Bühne betreten, der zusammen mit dir dem Bösewicht erklärt, was mit ihm, dem Verursacher für deine Notlage, nicht stimmt. Spätestens dann wird der bisherige Bösewicht alle Schuld von sich weisen oder vielleicht sogar einsehen, dass mit ihm etwas nicht stimmt. Und plötzlich ist er das Opfer, dem Unrecht getan wurde. Und du bist schuld daran, also der neue Verursacher von Unrecht – ein endloser, schmerzhafter Kreislauf.

Damit bist du in das Dramadreieck eingestiegen. Das **Dramadreieck stammt aus der Transaktionsanalyse, und wurde von Dr. Stephen Karpman Ende der 1960er Jahre zum ersten Mal beschrieben.** Er hatte entdeckt, dass Filme immer auf denselben Beziehungsmustern aufbauen: Ein Bösewicht, der einem hilflosen Opfer etwas angetan hat. Das Opfer, das gerettet werden will/muss. Und einen Retter, der das Opfer aus seiner dramatischen Lage befreit. Er übertrug diese Entdeckung auf menschliche Verhaltensmuster darauf, wie Nähe und Distanz entstehen.

Automatisch mitspielen, ohne es zu merken

Das Tragische dabei ist: Sobald Menschen sich selbst oder jemand anderen in eine dieser Rollen stecken, gibt es das Phänomen, dass auch die anderen Personen im Dreieck unwillkürlich beginnen, die sozialen Erwartungen dieser Rolle zu befolgen: Erklärte Bösewichte zum Beispiel verteidigen sich und fühlen sich schuldig, selbst ernannte Opfer erwarten Sühne und Entschuldigungen, Retter helfen dem Opfer und tun so, als seien sie den beiden anderen überlegen. In diesem makabren Spiel haben alle die Schuldbrille an und es ist schwierig, aus dem Drama wieder auszusteigen. Das liegt daran, dass die Rollen uns schon seit der Kindheit so vertraut sind, und wir komplett selbstverständlich aus der jeweiligen Rolle handeln und denken.

Tückisch bei der Sache: **Die Suche nach jemand Schuldigem ist sehr tief in unserer Kultur verankert** und vermutlich fällt es dir wie mir anfangs gar nicht auf. Darum will jeder recht haben und keiner schuld sein. Und sobald ein Schuldiger gefunden ist, kann es losgehen mit dem Drama im Dramadreieck. Die Rollen werden dann munter im fliegenden Wechsel ausgetauscht: Wer für schuldig befunden wurde, wird sich wehren und damit selbst die Position des Opfers einnehmen und jemand anderen als Schuldigen ausmachen.

Aber keine Sorge: Sobald du dir bewusst über das Dramadreieck bist, kannst du aussteigen. Das Wichtigste dabei ist, dass du erkennst, dass die andere Person eben NICHT Verursacher war, sondern alle gerade das schmerzhafte Dramaspiel spielen. Und es hilft, sich klarzumachen: Die anderen setzen sich genauso für ihre Bedürfnisse ein wie du. Und oft sind das Bedürfnisse nach **Ansehen**, **Geborgenheit**, **Sicherheit**, **Respekt** oder **Wertschätzung**, um nur ein paar häufige zu nennen.

Wie das Dramaspiel im Alltag funktioniert, kannst du in diesem kleinen Konflikt sehen, wo sich jemand zum Opfer macht:

	CARLO	MARIA	KIM
C: »Nie meldest du dich bei mir, Maria. Ich muss ja schlimm sein.«	Opfer		
M: »Wenn du jetzt wieder damit anfängst, flippe ich aus.« C: »Du denkst einfach nur an dich, für mich interessierst du dich schon lange nicht mehr.«	Opfer	Täter	

	CARLO	MARIA	KIM
M: »Jaja, ist klar. Du jammerst wieder nur rum. Du machst mich wahnsinnig!«	Täter	Opfer	
K: »Du hast einfach ein Problem mit der Wahrheit, Carlo. Maria hat doch letzte Woche dreimal angerufen!«	Täter	Opfer	Retter
C: »Jetzt halt du dich mal da raus! Immer haltet ihr zusammen.« M: »Du bist unmöglich. Hör ihm doch mal zu!«	Opfer	Retter	Täter
C: »Ihr seid einfach gefühllos!«	Opfer	Täter	Täter

Es braucht etwas Übung, aber mit der Zeit fällt es immer leichter, dass du dir den Drama-Schuh nicht anziehen musst. Am wirkungsvollsten ist es, wenn du den Opfer-Schuh ausziehst:

- Beschließe, kein Opfer der Umstände zu sein, sondern Verantwortung für deine Gedanken, Gefühle und Bedürfnisse zu übernehmen.

- Verzichte darauf, dass andere sich entschuldigen sollen.

- Schau erst mal auf deine Bedürfnisse: Was brauchst du und wie könnte das erfüllt werden?

Wenn du von jemandem ein Angebot bekommst, in diesem Spiel mitzuspielen und Täter zu sein, erinnere dich an das Dramadreieck und daran, dass du aussteigen kannst, indem du nicht darüber diskutierst, wer Schuld hat. Schau stattdessen darauf, was die Bedürfnisse der anderen Person sein könnten. Frag nach, um was es der Person geht, am besten mit einer empathischen Vermutung. Und schau auch bei dir selbst darauf, was deine Bedürfnisse in dem Konflikt sind. Das könnte in einem klassischen Dramadreieck zum Beispiel Verantwortung sein. Es kann etwas aufwändiger sein, hier ein paar gute Strategien zu entwickeln, wenn du möchtest, dass dein Gegenüber Verantwortung für sich selbst übernimmt. Zum Entwickeln guter Strategien schau im Kapitel zu den Bitten nach (Seite 72).

→ EXPERIMENT

Fühlst du dich manchmal »angegriffen« (ich schreibe das in Anführungszeichen, weil es ein Pseudogefühl ist, siehe Kapitel 2)? Es gibt massig Auslöser, das zu denken. Häufig passiert das, wenn jemand Kritik äußert, eine andere Meinung hat oder ein Urteil ausspricht über etwas, das du getan hast. Was ist dein persönlicher Auslöser? Suche in deiner Erinnerung nach fünf Momenten, in denen du dich »angegriffen« gefühlt hast. Was wurde wirklich gesagt? Und wer hat welche Rollen eingenommen? Male dir auf einem Papier ein Dramakabinett nach dem Schema unten auf, wie deine Dramakonstellation war. Manchmal ist die Retterposition unbesetzt. Wen hättest du dort hinsetzen wollen? Wärest du selbst gern dorthin gewechselt?

Carlo
TÄTER

DRAMA

Kim
RETTER

Maria
OPFER

1. Um ein Gefühl für die Dramakonstellationen zu bekommen, ist es zunächst einfacher, die »Inszenierungen« von außen zu beobachten. Hör zu, wenn andere tratschen und überlege, wer in der Geschichte gerade in die Opferrolle schlüpft und wer zum Bösewicht wird. Bemerkst du, wann die Rolle sich ändert? Fühlst du dich eingeladen, in die rettende Rolle zu gehen und Partei für eine Seite zu ergreifen?

2. Wenn dir das Betrachten von außen gelungen ist, kannst du die Drama-Queen in dir entdecken: Nimm einen Streit, bei dem du dir ungerecht behandelt vorkamst. Das kann auch ein Konflikt bei der Arbeit sein. Wie hast du dafür gesorgt, dass das Dramadreieck in Schwung kam? Oder am Laufen blieb? Wie hast du jemanden dazu eingeladen, sich als Täter zu sehen oder zur Retterin zu werden?

3. Jetzt schau dir an, was passieren würde, wenn du alle so behandeln würdest, als gäbe es keine Täter oder Opfer. Probiere doch mal das: **Statt dich zu verteidigen oder die Schuld zu suchen, frag einfach mal nach: »Was brauchst du gerade? Was genau könnte ich tun, damit es für dich funktioniert?«** Das Ziel ist, dass am Ende für die Bedürfnisse von allen gesorgt ist, ohne die ganze Dramageschichte drumherum.

ZUTATEN, DAMIT ES FUNKTIONIERT. SO BIST DU AUFRICHTIG UND KLAR, OHNE DASS ES ZOFF GIBT

*»Als ich mich selbst zu lieben begann,
ließ ich es sein, immer im Recht sein zu wollen,
und seitdem war ich seltener im Unrecht.«*

CHARLIE CHAPLIN

WIE PASST DER GEDANKE IN DEIN LEBEN? → *Wie gehst du mit dir und mit anderen um, wenn es für dich unwichtig ist, ob du recht hast?*

In Kapitel 1 und 2 haben wir uns bei den Basics umgesehen und die Grundlagen geschaffen, um zu verstehen, worauf »normale« Kommunikation basiert.

Wie funktioniert achtsame Kommunikation also? Im Prinzip habe ich für mich auf der Basis von dem, was ich durch GFK und andere Ansätze aus Psychologie und Kommunikation kennengelernt habe, drei zentrale Dinge mitgenommen, die zu einem achtsameren und liebevolleren Umgang mit Worten und Menschen führen:

Die Haltung:
Wie du über die Welt, andere Menschen und dich denkst. Die zentrale Grundannahme ist die Erkenntnis, dass Menschen mit allem, was sie tun, das Ziel verfolgen, sich ein für sie wichtiges Bedürfnis zu erfüllen.

Klarheit, was in dir eigentlich los ist:
Das heißt, neben der Klarheit über die eigenen Bedürfnisse, auch Gefühle gut zu erkennen und einordnen zu können, woher sie kommen. Wenn du weißt, was dir gerade wichtig ist und woher dein Gefühl kommt, kannst du besser darüber sprechen.

Die Worte:

Was du am Ende tatsächlich sagst. Du kannst supertoll für dich klarhaben, was deine Beobachtung der Situation war und was deine Gefühle und Bedürfnisse sind. Wenn du dann spontan trotzdem einfach raushaust, was deine Urteile über die andere Person sind, hilft das wenig. Wichtig ist hierbei auch, auf die kleinen Worte zu achten, z. B. pauschale Aussagen wie »immer« oder »nie« zu vermeiden.

Warum es super ist, Klarheit darüber zu haben, ob wir gerade über unsere Gedanken, Bedürfnisse oder Lösungsvorschläge sprechen? Du kannst so Verantwortung für deine Beziehungen übernehmen. Du entscheidest plötzlich selbst, ob du deine Energie weiter in Drama und in Rechthaben stecken willst oder lieber in Verständnis investierst. Davon haben deine Nerven, deine Mitmenschen und wahrscheinlich auch die ganze Welt etwas.

Sobald uns klar ist, dass wir Verantwortung für unsere Worte haben, können wir es auch umschiffen, jemandem Schuld zuzuweisen – und wir sind raus aus der Opfernummer. Wenn du Verantwortung für deine Gefühle übernimmst, beschuldigst du keinen anderen und kannst ganz neutral einfach nur sagen, was du fühlst und wie es dir gerade geht.

Und dazu gehört auch, empathisch damit umgehen zu können, was andere sagen und tun. Empathisch bedeutet hier übrigens nicht, für alle(s) grenzenloses Verständnis zu haben und alles durchgehen zu lassen. **Es geht beim achtsamen und empathischen Hören darum, mit seinen eigenen Emotionen und Reaktionen klar und verantwortungsvoll umzugehen.** So bleibst du mit deinen Kolleginnen, Freunden und Familienmitgliedern im Gespräch und ihr könnt den Konflikt lösen, selbst wenn du und dein Gegenüber gerade eine echt unentspannte Zeit miteinander habt.

Wenn dir das gelingt, entsteht ein Miteinander, in dem alle gehört, verstanden und ernst genommen werden. Du kannst mit achtsamer Kommunikation alles in die Wege leiten, damit eine Schleife aus Verständnis für dich und für andere entsteht:

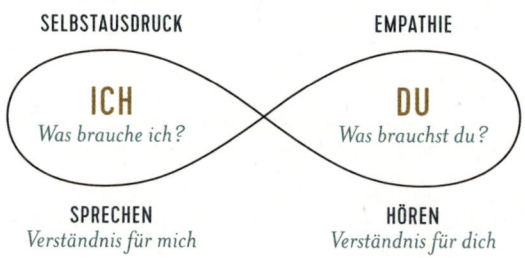

SELBSTAUSDRUCK   EMPATHIE

ICH   **DU**
Was brauche ich?   *Was brauchst du?*

SPRECHEN   HÖREN
Verständnis für mich   *Verständnis für dich*

DIE VIER SCHRITTE NUTZEN

Wenn du dir vier Dinge aus diesem Buch mitnehmen willst, dann empfehle ich dir diese vier Unterscheidungen, mit denen du enorme Klarheit in deine inneren und äußeren Konflikte bringen kannst. Wenn du also diese vier Begriffspaare auseinanderhalten und in deinem Alltag erkennen kannst, kannst du viel besser mit dem umgehen, was gerade los ist in dir, in deinem Leben und in deinen Mitmenschen. Die vier Schritte können auch in einer anderen Reihenfolge genannt werden, auch wenn sie hier nummeriert sind:

1. Beobachtungen ≠ Interpretationen
Was genau ist tatsächlich objektiv der Sachverhalt und was ist gefärbt von deiner Meinung darüber?

2. Gefühle ≠ Gedanken
Bei den Zutaten für »perfekte« Streitigkeiten/Konflikte haben wir bereits angeschaut, welche Auswirkungen es hat, wenn du nicht von Gefühlen sprichst. Werde dir also klar darüber, was du tatsächlich denkst und fühlst, wenn du über Gefühle sprichst.

3. Bedürfnisse ≠ Strategien
Konflikte sind immer ein Streit um die »richtige« Strategie, ein Problem zu lösen. Die Arena für den Streit sind Strategien, nicht Bedürfnisse. Wenn du weißt, was dein Bedürfnis ist, kannst du dir (auch gemeinsam mit deinem Konfliktpartner) verschiedene Strategien ausdenken, um das Bedürfnis zu erfüllen.

4. Bitten ≠ Fordern
Wissen, was du nicht willst, ist einfach – aber auch ziemlich wischiwaschi. Oder hast du eine Ahnung, was du tun sollst, wenn jemand sagt: »*Mach das bitte nicht mehr!*« Werde dir stattdessen klar, was du konkret wirklich willst, damit dein Bedürfnis erfüllt ist. Und bist du bereit zu akzeptieren, dass die andere Person Nein sagen kann?

Die Grundunterscheidungen sind das wichtigste Werkzeug zur Selbstreflektion. Du kannst sie im Alltag immer benutzen und dich fragen: Habe ich gerade gefordert oder gebeten? Habe ich gerade eine Interpretation gehört oder war das eine Wahrnehmung? Reden wir hier gerade über Bedürfnisse oder Strategien? Und bin ich mit meinen Gefühlen in Kontakt oder haue ich hier einfach meine Gedanken raus?

Wir schauen uns diese vier Zutaten jetzt noch mal genauer an, damit du sie auch wirklich unterscheiden kannst.

INTERPRETIEREN IST GESCHICHTEN ÜBER DIE WELT ERFINDEN, WAHRNEHMEN IST DER VERSUCH, DIE WELT ZU BESCHREIBEN

Wir alle denken uns ständig Geschichten aus, warum die Welt so ist, wie sie ist. Nimm ein banales Ereignis wie »Die Schulkinder schauen an der Bushaltestelle auf ihr Handy, ohne miteinander zu sprechen« und frage »Warum?« – und schon bekommst du von deinem Hirn kostenfrei tausend Geschichten serviert, warum das so ist. Im Alltag ist das genauso: Wenn dich wer anschreit, fragst du dich mit hoher Wahrscheinlichkeit: *»Warum hat er/sie das getan?«* Jemand hat nicht zurückgegrüßt? Automatisch kommt der Gedanke: »Warum?«. Jemand hupt? – »Warum?« Und wenn du mehr auf deine Bewertungen als auf deine Bedürfnisse schaust, bekommst du eine Antwort wie:

»Das macht er/sie nur, weil er/sie
egoistisch / rücksichtslos / unreif / inkompetent / faul / arrogant ist. «

....

Füge hier dein Lieblingsurteil ein

Oder:
»... weil er mich ärgern / kleinhalten / kontrollieren will.«

....

Füge hier deine Lieblingsinterpretation ein

 **EXPERIMENT**

PROBIERE ES MAL AUS: Denke daran, wer dich nervt oder ärgert. Das können dein Partner, deine Eltern, Kinder, Kolleginnen oder sogar Politiker sein. Was tut die Person? Nimm dir ein Blatt und schreib erst mal links eine Liste, was dir auf die Nerven geht. Zum Beispiel »zu spät sein« oder »nicht zurückschreiben«. Dann notier dir rechts daneben den Namen dazu und deine »Geschichte«, warum die Person das tut. Das kann zum Beispiel so aussehen:

Was	Wer	Deine Geschichte dazu
Unordnung	Tom	macht das nur, weil er faul und bequem ist
Flirten	Lisa	macht das nur, weil sie untreu ist
Nicht grüßen	Mira	macht das nur, weil sie mich nicht dabeihaben will

→ **Probiere es selbst mal und lies erst weiter, wenn du mindestens fünf Geschichten hast.**

Vermutlich sind dir einige Gründe eingefallen, die damit zusammenhängen, dass irgendwas mit dieser Person nicht okay ist. Jetzt schau noch mal in den linken Kasten: Was davon hast du schon mal selbst gemacht? Kreuze die Verhaltensmuster an, die du von dir selbst kennst. Und dann schreibe für zwei dieser Situationen auf, warum du das getan hast. Und jetzt staune, falls dir jetzt vielleicht ganz andere und sehr noble Gründe einfallen.

Wenn du darüber nachdenkst, warum jemand etwas tut, liegt oft der Schluss nahe, dass das daran liegt, dass derjenige irgendwie »ist«. Damit stopfst du ihn (oder sie) in eine Schublade mit einem Schildchen darauf, auf dem nichts anderes steht als ein Urteil und eine Interpretation über diesen Menschen: »dumm«, »unfähig«, oder auch »wundervoll«.

Du kannst deine Zeit damit verbringen, mit anderen über die richtige Schublade zu diskutieren (»Das ist nicht dumm, das ist vernünftig!«) und das Schildchen dieser Schublade besonders aufwendig auszumalen. Glücklich wirst du damit wahrscheinlich nicht, und es ist sinnvoller, deine Energie in Wege zu stecken, mit denen du deinen Bedürfnissen näher kommst. Fang also am besten direkt damit an – das Leben hält genügend Möglichkeiten bereit!

→ EXPERIMENT

Du denkst, du kannst mit deinen Sinnesorganen verlässlich benennen, was real ist? Leider nein: Deine Sinnesorgane sind nur ein mäßig taugliches Hilfsmittel, um die Wahrheit über die Welt zu beschreiben. Schon die Aussage »Dieser Tag ist schön« ist in dieser Betrachtungsweise eine Interpretation, denn es wird mindestens einen Menschen geben, der dieser Behauptung widersprechen wird, weil er einen miesen Tag hatte.

Sieh dich um und mache eine Aussage über drei Gegenstände in deinem Umfeld:

Der Tisch ist ....

Denk an drei Personen und mache eine Aussage über sie:

Meine Freundin ist ....

Denk an dich und mache eine Aussage über dich:

Ich bin ....

Wenn du diese Aussagen alle betrachtest: Denkst du, sie geben die Realität korrekt wieder? Gibt es jemanden, der etwas anderes sagen würde? Was genau?

Gehe jede der Aussagen für dich durch.
Jemand anderes mit einer anderen Perspektive würde vielleicht sagen:

....

Warum Urteile und Bewertungen deine Interessen und Beziehungen untergraben

Es ist vollkommen menschlich und auch lebensnotwendig, zu bewerten und einzuordnen. Es geht bei achtsamer Kommunikation auch nicht darum, seine Meinung zurückzunehmen. Im Gegenteil: Deine Meinung ist wichtig, denn sie entsteht aus deiner Einschätzung, ob etwas deinen Bedürfnissen und Werten entspricht oder nicht. Das, worum es hier geht, ist Klarheit zu haben darüber, was du gerade tust: Bist du dabei zu bewerten oder zu beobachten? Wenn du bewertest, mach es transparent und teile mit, dass du gerade voller Geschichten über die Situation steckst. Hierfür braucht es große Achtsamkeit, denn damit übernimmst du Verantwortung für das, was du sagst, und weißt selbst, dass das deine Interpretation ist. Aber noch hilfreicher ist es, wenn du wirklich Beobachtungen nennst.

Der Nachteil bei Urteilen und Bewertungen ist, dass sie deine Beziehungen und am Ende auch deine Interessen untergraben: Die Wahrscheinlichkeit, dass dein Gegenüber mit dir kooperieren und sich deine Bedürfnisse anhören mag, ist enorm viel höher, wenn dein Gesprächspartner vorher keine Vorwürfe und Bewertungen gehört hat. Das liegt daran, dass jeder Vorwurf und jede Interpretation erst mal von deinem Gegenüber selbst übersetzt werden muss. Manche Menschen können das von Haus aus ganz gut, manchen fällt es schwerer.

Fakten, Fakten, Fakten

Um Konflikte zu lösen beziehungsweise gar nicht erst entstehen zu lassen, ist die Beobachtung das beste Werkzeug, weil du damit zwei wichtige Dinge unterscheidest: Das, was ist und das, was du darüber denkst. Exakte Beobachtungen sind wie ein japanisches Messer. Je besser es geschärft ist, desto besser kannst du deine Interpretationen abtrennen von dem, was dein Kopf an Geschichten daran kleben will. Diese Trennschärfe brauchst du auch, um das, was jemand anderes über einen Sachverhalt sagt, von dem zu unterscheiden, was tatsächlich los ist. Wenn du das unterscheiden kannst, entsteht ein Raum für ein Gespräch.

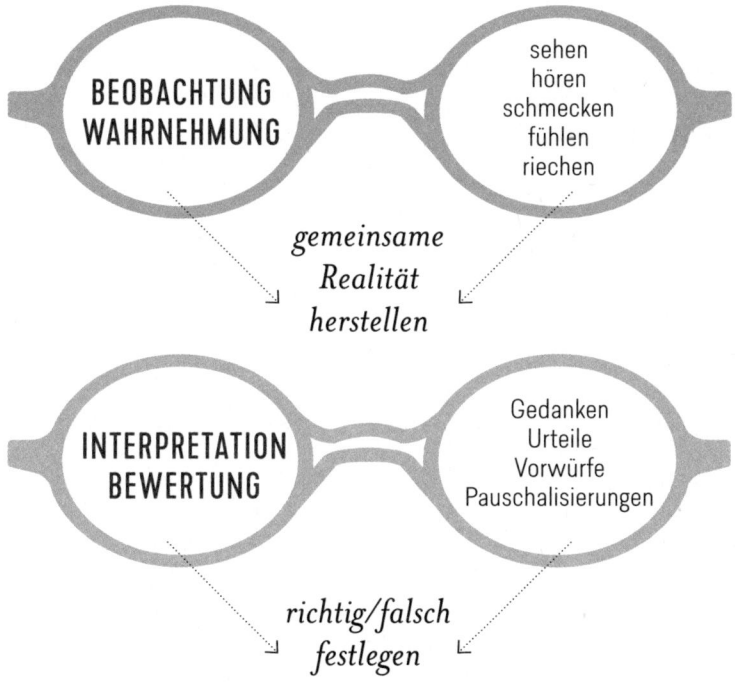

Meistens rutscht schon beim Versuch, über die Fakten zu sprechen, ein **Urteil** mit hinein, über das diskutiert werden könnte und das dein Gegenüber vielleicht in die Ecke treibt. Das sind oft ganz kleine Worte, so was wie »Du redest so viel« oder »die ganze Zeit«. In dem Moment ist die Wahrscheinlichkeit schon geringer, dass ihr weiter im Gespräch bleibt.

Die **Beobachtung** ist der Teil, den du so wertfrei wie nur möglich formulierst. Das ist manchmal schwer, weil dir vielleicht wichtig ist, dass deine Wahrnehmung, auch gehört wird. Hebe dir das auf für Schritt 2 (Gefühl) und 3 (Bedürfnis). Übe dich in der Kunst, wertfrei zu beschreiben, was passiert ist.

Hier ein paar Beispiele:

Du redest so viel!
→ In unserem letzten Telefonat hast du 60 Minuten gesprochen, und ich 15.

Du bist schon wieder zu spät.
→ Wir waren um 12 verabredet, jetzt ist es 12:30 Uhr.

Das Zimmer ist unaufgeräumt.
→ Auf dem Boden liegt Kleidung, auf dem Schreibtisch stapeln sich fünf Bücher aufeinander und auf dem Fenster sind Schlieren.

Die ganze Zeit bist du abwertend.
→ Vorhin hast du mir nicht geantwortet, obwohl ich dich etwas gefragt habe.

Bei euch liest anscheinend keiner seine Mails.
→ Ich habe keine Rückmeldung erhalten, ob jemand meine Mail von gestern gelesen hat.

Es hat haltlose Beleidigungen gehagelt.
→ Sie hat gesagt: »Ich habe noch nie so jemand inkompetenten gesehen.«

Das waren Angriffe auf meine Person.
→ Er hat etwas gesagt, das ich als Kritik verstanden habe.

Du machst selten etwas, bei dem ich mich wertgeschätzt fühle.
→ In den letzten drei Wochen hast du mir nicht gesagt, dass ich dir wichtig bin.

Die sind sehr freundlich.
→ Uns wurde beim Ankommen ein Willkommensgetränk serviert und angeboten, dass sie uns beim Umzug helfen können.

Du schreist mich die ganze Zeit an!
→ Das ist das zweite Mal, dass du so laut sprichst, dass man es hinter der geschlossenen Tür hören kann.

→VERWANDLE DIES IN DAS

Hier noch ein paar Formulierungstipps:

Das ist ...	→ Mein Eindruck ist ...
Das Problem ist ...	→ Meine Vermutung ist ...
... immer ...	→ ... oft ...
... nie ...	→ ... selten ...
Du hast XY getan/gesagt.	→ In meiner Erinnerung hast du XY gesagt/getan.

Die Tore, durch die Interpretationen in dein Leben kriechen

Mit jeder Aussage, wie etwas oder jemand ist (ja, genau, auch über dich selbst machst du Aussagen), konstruierst du die Welt. Jedes »ist« wird zu einem Statement, und jedes Statement ist eine Interpretation und eine Art, die Realität zu betrachten. (Und ja, auch diese Aussage eben war eine Art, die Realität zu betrachten.)

Jede Wertung, also alles, was nach gut/schlecht oder richtig/falsch riecht, macht deine Beschreibung zu einer Interpretation. Das sind oft Adjektive (schön, schlecht, gut, menschlich, komisch, faul, schlau etc.), aber die Interpretationen verstecken sich oft auch in den Verben (schreien, betrügen, lügen, pennen etc.) und Substantiven (Unordnung, Wahrheit, Faulenzer, Angriff, etc.). Wahrscheinlich ist sogar jedes Substantiv eine Wertung, spätestens dann, wenn du es mit einem »ist« verbindest und dadurch jemanden zu etwas deklarierst: »Sie ist eine echte Köchin«, wenn sie das nicht beruflich tut. Worauf es ankommt, ist, ein feines Gespür zu entwickeln, in welchen Worten schon das Streichholz versteckt ist, an dem sich der Konflikt entzünden kann, wenn ein Streit bereits in der Luft liegt.

Um exakt zu beobachten, brauchst du Achtsamkeit

Damit du überhaupt mitbekommst, wo deine Interpretation sich reinschleicht, musst du sehr präsent sein. Du musst wach sein wie in der Feuerwehr-Leitstelle, um mitzubekommen, wo sich deine Sinneswahrnehmungen in eine Interpretation verwandeln, indem sich Gedanken in deine Wahrnehmung mischen. Um sie dann mit deiner Wachheit zu trennen von den Assoziationen, die dein Kopf sich dazu ausdenkt.

Vier Arten, wie häufig Wertungen in deine Beschreibungen kommen:

1. Verallgemeinern:

pauschale Aussagen, die so nicht zutreffen
»*Immer / nie / jedes Mal* machst du das!«
»*Alle / Jede von denen* ist so!«
»*Keinen* interessiert das!«

2. Bewerten:

etwas auf einer Skala von richtig nach falsch einordnen
»*Das ist richtig / falsch / gut / schlecht / wundervoll / …!*«
»*Du bist so ein toller / schlimmer / eingebildeter / egoistischer / fauler / fleißiger / unbelehrbarer …* Mensch!«

3. Interpretieren:

denken, die Hintergründe zu kennen und Bescheid zu wissen
»Das machst du, weil du *kein Herz hast / dich nicht wirklich interessierst / nicht ehrlich bist / mit dir etwas nicht stimmt!*«

4. Vergleichen:

den Status Quo abwerten
»Du machst das *nicht so gut wie* er.«
»Sie sieht *besser* aus *als* du.«
»*Du bist zu faul. Andere können das auch.*«

DOs & DON'Ts

→ DOs

So stellst du sicher, dass kein Streit darüber ausbricht, wer die »richtige« Version der Realität hat:

- **Betrachte die Situation wie durch eine Super-Sinnes-Kamera:** Was wären die Regieanweisungen, um das exakt nachzustellen? Was war zu sehen, zu hören, zu ertasten oder zu riechen und zu schmecken? (Die letzten beiden Sinne sind nach meiner Erfahrung eher selten)

- **Finde eine Beschreibung der Situation**, der dein Gegenüber aus der eigenen Perspektive auch nicht widersprechen würde. Reality-Check: Sobald dein Gegenüber sagt: »Das ist nicht wahr«, war es keine Beobachtung.

- Denk daran: Es geht darum, **eine gemeinsame Realität herzustellen**, nicht darum, wer recht hat. Ziele darauf ab, die Beschreibung der Situation zu benennen, der ihr beide zustimmt.

→ DON'Ts

Damit stellst du wahrscheinlich keine gemeinsame Realität her, die dich und deine Gesprächspartnerin/deinen Gesprächspartner weiterbringt:

- Sätze, die mit **»Das ist ...«** anfangen, enden selten mit einer Beobachtung. Vermeide sie.

- Auch falls eine Situation gerade schmerzhaft für dich ist, **antworte nicht sofort:** Lass erst mal deine Traurigkeit oder Wut außen vor, wenn du beschreibst, was los ist. Manchmal ist es sehr verlockend, die eigenen Emotionen in einem kleinen Adjektiv oder einem wertenden Wort unterzubringen. Merk dir diese Urteile und Emotionen für später, wenn du deine Gefühle und Bedürfnisse mitteilst.

- **Vermeide die vier Arten zu werten:** Verallgemeinerungen, Bewertungen, Interpretationen und Vergleiche

GEFÜHLE, DAS UNBEKANNTE WESEN. WER FÜHLT DENN DA, UND WENN JA, WIE GEHT'S MIR DAMIT?

»Gefühle brauchen keine Berechtigung.«

MARSHALL B. ROSENBERG

WIE PASST DER GEDANKE IN DEIN LEBEN? → *Wann hast du schon mal gedacht, es sei nicht okay, Wut, Angst, Traurigkeit oder Freude zu spüren? Warum? Und wann hast du das schon mal gedacht, als jemand anderes diese Gefühle ausgedrückt hat?*

Oft sind Gefühle etwas, das total schwer zu greifen ist: Ist mir die Sache noch egal oder finde ich sie schon total zum Ausflippen? Und wenn ja, kann mein Gegenüber damit umgehen, wenn ich anfange, über meine Gefühle dazu zu reden? Oder flippen die anderen dann auch aus und werden emotional?

Gefühle sind für viele wie ein glitschiger Fisch: Erst kaum im trüben Wasser zu erkennen, dann unkontrollierbar energiegeladen beim Rausfischen, und wenn man ihn dann direkt in der Hand hat, eher unangenehm und schwer zu händeln.

Und oft ist es noch schwerer, damit umzugehen, wenn andere Menschen ihre Gefühle ausdrücken: Was tun mit jemandem, der gerade ängstlich, traurig oder richtig auf 180 ist?

Dabei liegt in den Gefühlen das größte Geschenk: Sie zeigen dir, ob deine Bedürfnisse gerade erfüllt sind! Hast du angenehme Gefühle, dann sind gerade wahrscheinlich wichtige Bedürfnisse für dich erfüllt. Hast du unangenehme Gefühle, liegt mit deinen Bedürfnissen gerade etwas im Argen. **Gefühle sind ein Anzeiger für dich, was gerade in dir los ist und ob du gerade etwas brauchst.**

Eigentlich ist die Sache mit den Gefühlen also total einfach: **Wenn ein unangenehmes Gefühl im Raum hängt, mach dich auf die Suche nach dem unerfüllten Bedürfnis!**

Diese **Bedürfnisrutsche** kannst du für dich durchspielen, wenn du ein unangenehmes Gefühl hast.

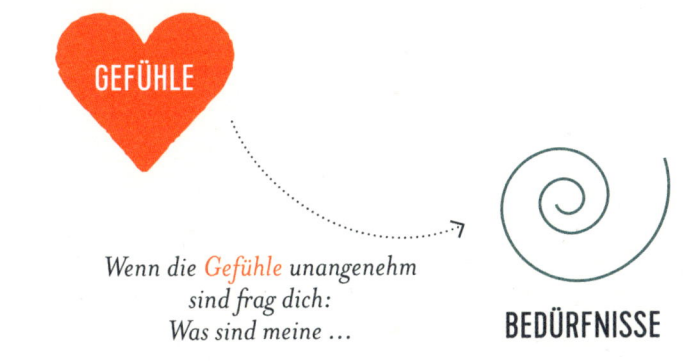

Wenn die *Gefühle* unangenehm
sind frag dich:
Was sind meine …

BEDÜRFNISSE

Deine Gefühlsweltreise beginnen und Gefühlsreiseberichte machen

Nun haben wir noch das Problem, wie wir über Gefühle sprechen können. Oft geht das schief und Gefühle gelten als unprofessionell oder schwierig. In Kapitel 2 hast du in Fallstrick 2 schon kennengelernt, was Pseudogefühle sind. Wir schauen uns jetzt im Detail an, wie wir leichter über Gefühle sprechen und sie einordnen können, wenn uns solche Gedanken in den Sinn kommen.

Ich habe für mich herausgefunden: Menschen sind total froh und können sich viel besser in dich hineinversetzen, wenn du deine Gefühle benennst. Hier ist aber wichtig, dass du wirklich über **Gefühle** sprichst.

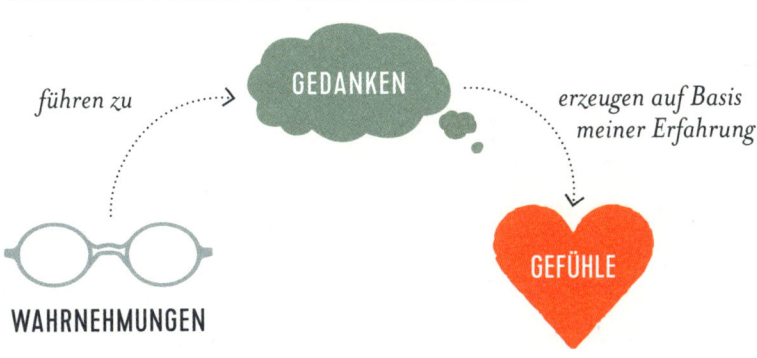

führen zu **GEDANKEN** *erzeugen auf Basis meiner Erfahrung*

WAHRNEHMUNGEN **GEFÜHLE**

Wenn du denkst, du fühlst, dann denkst du nur, du fühlst

Oft sprechen wir über unsere Gedanken, wenn wir über Gefühle sprechen wollen. Das ist aber nicht so wahnsinnig geschickt, denn in unseren Gedanken stecken meistens Interpretationen – und die hört unser Gegenüber fast immer als Vorwurf. Dann hast du direkt deinen nächsten Konflikt auf der Matte stehen. Diese in Gedanken verpackten Gefühle heißen in der GFK »Pseudogefühle«, weil sie sprachlich so tun, als ginge es um das, was du fühlst. In Wirklichkeit drückst du damit lediglich aus, was du denkst:

Leider sprechen wir meistens in diesen Pseudogefühlen. Natürlich steckt immer ein richtig unangenehmes »echtes« Gefühl dahinter, aber es ist wichtig, dass du den Pseudogefühlen nicht auf den Leim gehst und immer über Gefühle sprichst, die frei von Wertungen und Gedanken sind.

Was Gefühle ausmacht und was nicht

Was Pseudogefühle angeht, sind wir vermutlich alle ziemliche Experten. Was aber sind funktionierende Worte, wenn wir effektiv, präzise und achtsam über Gefühle sprechen wollen?

Schau dir dazu ein paar erste Überlegungen an, wie du ein Gefühl erkennst (am Ende dieses Kapitels in der Checkliste findest du noch ein paar mehr Kriterien dazu, was Gefühle ausmacht):

• Es ist kein Vergleich enthalten. (Das kann sein: »Ich fühle mich wie dein Mülleimer« – aber auch eine andere Art der Formulierung: »Ich fühle mich, als wäre ich dein Mülleimer.«)

• Es ist in deinem Körper spürbar: Und zwar als Gefühl, nicht als Gedanke.

Richtig einfach wird es, wenn du nur die vier Grundgefühle benutzt: **Freude, Angst, Wut und Traurigkeit.** Damit kannst du extrem schnell herausfinden, wie es dir oder der anderen Person gerade geht.

Es gibt zahlreiche Modelle, um Gefühle einzuteilen. Diese Aufteilung in vier Grundgefühle stammt ursprünglich von Valerie Lankford, und ich finde sie hervorragend geeignet, um damit große Klarheit darüber zu gewinnen, was bei mir oder bei anderen los ist. Dabei können diese vier Gefühle unterschiedlich stark sein und haben dann andere Worte:

FREUDE
entspannt, zufrieden, erfreut, fasziniert, begeistert

ANGST
unruhig, besorgt, alarmiert, ängstlich, panisch

WUT
irritiert, genervt, verärgert, wütend, rasend

TRAURIGKEIT
verstimmt, melancholisch, traurig, deprimiert, todunglücklich

+   ++   ++++

Es gibt keine schlechten Gefühle
Vielleicht hast du dir die schon sehr kurze Liste mit den vier Gefühlen angeschaut und dir gedacht: »Ach Mensch, wieso sind drei davon negative Gefühle und nur eins positiv?«

Mir hat es enorm geholfen, Gefühle nicht mehr als ein »Problem« oder das Gegenteil davon, also »Geschenk« zu betrachten, sondern einfach als Information. Damit gibt es auch keine negativen oder positiven Gefühle mehr, sondern nur eine Möglichkeit herauszufinden, ob meine Bedürfnisse gerade erfüllt sind. Wenn du berücksichtigst, wie Gefühle entstehen (siehe oben), dann sind Gefühle vor allem Anzeiger dafür, ob du gerade hilfreiche Gedanken hast oder eher welche, die dich fertigmachen.

Gefühle zeigen an, wie deine Bedürfnisse erfüllt sind, ähnlich wie eine Füllstandsanzeige. Darum sind sogar die Empfindungen, die sich unangenehm anfühlen, neutrale Informationen aus deinem inneren System: Hier liegt ein Bedürfnis im Argen, bitte anschauen! Und genauso zeigt ein angenehmes Gefühl an: Ja, gerade ist ein Bedürfnis gut versorgt. Gerne mehr von dieser Strategie!

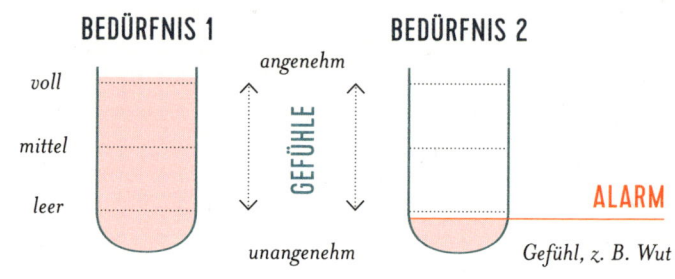

→ EXPERIMENT

VERSUCHE MAL über den Tag hinweg, bei anderen Menschen wahrzunehmen, was sie für ein Gefühl haben könnten. Versuche, das den vier Gefühlen zuzuordnen:

• Ist der beiläufige Kommentar vom Barista in der Cafébar eher freudig oder ist schon ein Funken Traurigkeit darin?

• Ist im Gesichtsausdruck des Filmstars im Thriller gerade Angst zu sehen?

• Hat der Kunde, als er an der Kasse »Hallo, wird hier überhaupt gearbeitet? Wie lange dauert das denn noch?« grummelt, Wut gespürt?

• Hat deine Nachbarin beim missmutigen Grüßen eher Wut ausgedrückt oder Traurigkeit? Und was für ein Gefühl war versteckt, als deine Partnerin mit »Ach, egal« geantwortet hat?

Übersetze für dich im Alltag schon mal die emotionalen Aussagen von anderen in klare Gefühlsvermutungen. Dann bist du geübt, wenn es bei dir in deinem persönlichen Umfeld darum geht, ein Gefühl zu erkennen.

Denk dran: Die Gefühle in diesem Experiment betreffen nicht dich konkret, sondern sind Ausdruck von dem, was völlig unabhängig von dir in der Erfahrungswelt deiner Mitmenschen los ist. Es geht hier nur darum, die Gefühle zuzuordnen, nicht darum, eine Meinung dazu zu haben. Dann landest du nämlich auch wieder im Kopf und nicht in der Verbundenheit.

GEFÜHLE FINDEN IM KÖRPER STATT

>>Gefühle sind weder positiv noch negativ; sie sind einfach elementare Kräfte in unserer Lebensenergie, mit ihren eigenen Schwingungen und Funktionen. Sie sind wesentlich für unsere Gesundheit und unser Wohlbefinden. Im Wesentlichen schützt Angst, Wut verteidigt, Traurigkeit befreit, Freude erhebt, Mitgefühl verbindet.<<

GABRIELLE ROTH

WIE PASST DER GEDANKE IN DEIN LEBEN? → *Spür mal in dich rein, wie war das in letzter Zeit: Wofür wolltest du dich einsetzen? Was wolltest du bewahren? Was musstest du loslassen? Was hat dich begeistert? Wann warst du mit jemandem in Verbundenheit? Und welches der vier Grund-gefühle hast du dann jeweils in dir gespürt?*

Gefühle finden im Körper statt. Es gibt diese Untersuchung der Uni Tampere in Finnland, wo 2013 kartiert wurde, wie Menschen welche Gefühle wo im Körper spüren. Verblüffenderweise (oder eben vielleicht überhaupt nicht verblüffend) werden die Gefühle mit einer ähnlichen Qualität in ähnlichen Regionen beschrieben, z. B. Wut als Hitze in der Bauchregion, Angst als etwas Kaltes am Solarplexus, Scham als Wärme im Gesicht. Die Studie mit dem Titel »Bodily maps of emotions« beschreibt, dass Menschen bestimmte Gefühle und Körper-regionen oft auf gleiche Weise verknüpfen.

Wir haben also alle eine Ahnung, dass wir was fühlen, sind aber nicht beson-ders gut darin, die Gefühle auch zu erkennen und genau zu bezeichnen. Jeder hat sein eigenes Repertoire an unangenehmen Gefühlen, die er/sie nicht gern fühlt und dann entweder in Wut kanalisiert oder aber taub macht. Diese nicht gefühlten Gefühle können sich anstauen und dann manchmal als emotionale Explosion zum Vorschein kommen.

Darum ist es super, wenn du mit kleinen Gefühlswahrnehmungen anfängst und ein feines Gespür dafür entwickelst, ihnen Worte zu geben. Fühl in deinen Körper rein: Wo ist das Gefühl zu spüren?

SCHÄM DICH – NICHT! NOCH EIN WORT ZU SCHAM

Es gibt viele Modelle und Situationen, in denen »Ich schäme mich« als Gefühlsaussage passt. Ich möchte hier anregen, dass du auch bei Scham überlegst, welches der vier Gefühle dazu am ehesten passt. Bei mir ist es meistens letztlich eine Form von Angst, bei der ein bisschen Traurigkeit und ein Fitzelchen Wut beigemischt sind. Meist ist es eine Angst, nicht dazuzugehören, nicht mehr geliebt zu werden und dass mein Bedürfnis nach Ansehen und Sicherheit ziemlich unerfüllt ist.

Letztlich ist Scham auch ein Konzept aus der Welt von richtig und falsch; und wenn wir uns davon verabschieden wollen, dann gerne konsequent. Eine schmerzvolle Erinnerung voller unangenehmer Gefühle wird dich sehr wahrscheinlich in den Kontakt mit Scham bringen. Denn beim Schämen ist es wahrscheinlich, dass du dich für etwas fertigmachst. Und die Erklärung im Kopf ist, dass du was falsch gemacht hast und irgendwie nicht okay, schlecht oder weniger wert bist. Das entspringt alles ebenfalls der Schuld-Welt, in der es um Urteile und Kritik geht.

Nutze dein Bedauern über das Geschehene lieber als Erinnerung an deine Werte und Bedürfnisse. Damit übernimmst du Verantwortung für deine unangenehmen Gefühle und für deine Bedürfnisse – anstatt dich selbst mit Scham und Schuld zu bestrafen.

Extra-Zutaten zum Aufregen: Mach was aus deiner Wut!
Achtsam kommunizieren heißt nicht, nie wütend zu sein. Im Gegenteil! Wenn du spürst, dass du brodelst, ist das fantastisch! Viele Menschen deckeln ihre Gefühle und machen sich taub. Wenn du also Ärger fühlst, geht es darum, **achtsam** damit umzugehen.

Schau dir deinen Ärger an. Wenn du ihn mit den Werkzeugen aus diesem Buch untersuchst, findest du ein Geschenk. Denn jede Wut trägt im Kern die Energie, sich für ein Bedürfnis einzusetzen, das einem sehr wichtig ist. **Fühle also deine Wut!** Und bevor du sie jemandem gegenüber ausdrückst, frag dich: Worum geht es mir? Was ist mir so wichtig? Und beantworte diese Frage mit einem oder mehreren Bedürfnissen.

Auf der nächsten Seite kannst du mit vier Werkzeugen deine Wut untersuchen. Und du wirst deinen Ärger und deinen vermeintlichen Feind möglicherweise mit neuen Augen betrachten.

NUTZE DEINE WUT MIT DER UMDREH-METHODE!

Es gibt ein paar einfache Tricks, um dein Bedürfnis herauszufinden. De facto ist es mit Kontakt zu deiner Wut sogar besonders einfach, deine Bedürfnisse zu identifizieren:

1. **Nimm kein Blatt vor den Mund.** Schimpf einfach drauflos – und schreib alles auf ein Blatt Papier. Du wirst einige saftige Urteile auf dem Blatt stehen haben.

2. **Jetzt finden wir dein Bedürfnis raus.** Dreh dein Urteil um. Der »egoistische Idiot« wird durch das Umdrehen zu dem, was du gut fändest: »jemand Rücksichtsvolles«.

3. Orientiere dich an unten stehender kleiner **Übersetzungshilfe.**

Diese Aussagen und Bedürfnisse hängen oft zusammen; prüfe, ob es für dich vielleicht ein anderes Bedürfnis ist und wie du es nennen würdest. Im Anhang findest du eine Bedürfnisliste. Oder wenn du selbst ein Wort suchst, schau noch mal auf die Checkliste für Bedürfnisse auf Seite 66.

- **egoistischer Idiot** → Rücksicht
- **blöde Kuh** → Wertschätzung
- **Arsch, Idiot** → Respekt
- **faules Pack** → Unterstützung, Verantwortung
- **arroganter Schnösel** → Augenhöhe
- **peinlicher Vollhorst** → Authentizität, Integrität
- **elende Lügner** → Vertrauen, einbezogen sein, Transparenz

Eine Anleitung, wie du selbst Vorwürfe übersetzen kannst, findest du auf Seite 69.

4. Jetzt hast du dein **Bedürfnis** herausgefunden. Bleib wirklich bei dem abstrakten Wort, z. B. »Freiheit«. Mit dem Bedürfnis kannst du jetzt loslegen: Sprich über das, was dir wichtig ist (also dein Bedürfnis), statt dem oder der anderen zu erklären, was er bzw. sie falsch gemacht habe.

- Wenn du deine Wut spürst, nutze sie, um dein Bedürfnis auszusprechen und für es einzustehen.

- Du kannst dein Gefühl auch benennen: »Ich fühl mich **wütend!** Mir ist **Respekt** wichtig und **in der Situation vorhin** hab ich das nicht erkennen können, dass du den Respekt auf dem Schirm hast!«

DOS & DON'TS

→ DOs

Wenn es um Gefühle geht, schau dir folgende Benutzungshinweise für Gefühle an:

- Mach dir klar: **Gefühle zeigen dir, ob deine Bedürfnisse erfüllt sind oder nicht.** Sie dienen dir und wollen dich nicht ärgern. Sie sind eine Information aus deinem Körper.

- Auch das ätzendste Gefühl geht vorbei. Mit Widerstand gegen das Gefühl hängst du eher in deinen Gedanken und Urteilen herum und es erwischt dich immer wieder über den Tag. Wenn du es nutzt, um es zu spüren und dir zu überlegen, auf welches Bedürfnis es dich hinweist, kommst du schneller in einen **konstruktiven Umgang mit der Auslösersituation**.

- **Auch Gefühle von anderen sind ein Anzeiger, was gerade in ihnen los ist.** Wenn du das weißt, kannst du dir vergegenwärtigen: Das intensive Gefühl geht wieder vorbei. Und es geht schneller, wenn sie wissen, dass du verstehst, was in ihnen los ist.

- **Mach den Babytest:** Sag nur Dinge, die auch ein Neugeborenes fühlen würde. Obwohl wir nicht exakt wissen, was ein Baby genau fühlt, kannst du dir damit gut vergegenwärtigen, was ein menschliches Grundgefühl ist und was erst Erwachsene an schrägen Gedanken zustande bringen würden.

- **Benutze die vier Grundgefühle Freude, Angst, Wut und Traurigkeit,** um klar und leicht über Gefühle zu sprechen. Und so dein Gefühl einordnen zu können.

→ DON'Ts

Wenn du über Gefühle sprechen willst, checke, ob du wirklich über ein Gefühl sprichst:

- **Benutze keine Pseudogefühle.** So kannst du checken, ob du in Wirklichkeit über Interpretationen deiner Gefühle sprichst:

- **»Ich habe das Gefühl, dass …«** – hierauf folgt immer ein Gedanke, kein Gefühl.

- **»Ich fühle mich wie …«** – hierauf folgt immer ein Vergleich, also ein Gedanke.

- **»Ich fühle mich** [+ ein Verb, z. B. gehasst, gedemütigt, beschuldigt, vernachlässigt]**«** – hierauf folgt immer eine Interpretation oder Analyse. Also auch Gedanken. Tu das nicht, wenn du entspannt mit anderen über was Emotionales reden willst.

- **Die Verantwortung für meine Gefühle auf jemand anderen abwälzen**

- **»Ich fühle mich ..., weil du ...«** – das ist ein Vorwurf. Übernimm die Verantwortung für deine Gefühle und bleibe komplett bei dir.

- **Wenn ein Vergleich vorkommt,** ist es kein Gefühl: »Ich fühle mich wie ein Idiot.« Bleib beim Gefühl: »Ich fühle mich traurig ...«. Wenn du ins Bedürfnis hineinspürst und merkst, dass es dir um Fairness und Wertschätzung ging, kannst du auch den »Idioten« übersetzen: »... weil ich denke, dass ich nicht fair behandelt und wertgeschätzt wurde.«

- Wenn dieser Test keinen sinnvollen Satz ergibt, hast du ein Pseudogefühl benutzt: **»Darauf reagiere ich ...«** – »vernachlässigt«? Das ergibt keinen Sinn und du hast ein Pseudogefühl benutzt. »Wütend«? Oh yeah!

→EXPERIMENTE MIT GEFÜHLEN

Körpergefühle wieder entdecken

Fühle die Gefühle im Körper. Jetzt. Wo spürst du deinen Körper, wie fühlt er sich an? Gehe die Stellen der Reihe nach durch: Wie würdest du das Gefühl in dem Bereich am ehesten nennen? Hat das, was du fühlst, am ehesten etwas mit Angst, Wut, Traurigkeit oder Freude zu tun?

Es könnte sein, dass du in deiner linken Schulter ein anderes Gefühl entdeckst als in deiner rechten Gesichtshälfte. Benutze die vier Grundgefühle, um diese Emotion zu benennen. Wenn das Gefühl z. B. Wut oder Angst ist: Vielleicht fühlt sich das richtig unangenehm an – dann gibt es dir einen Hinweis, dass es ein Bedürfnis gibt, das gerade nicht erfüllt ist.

→ **Mit dieser Übung kannst du deine Gefühle im Zusammenhang mit deinem Körper erforschen und klarer darüber reden, was du eigentlich fühlst.** Dein Körper ist dein Kompass, der dir zuverlässig anzeigt, wie es dir geht. Wenn du lernst, deine körperlichen Empfindungen einem der vier Grundgefühle zuzuordnen, kannst du viel besser darüber reden und auch herausfinden, was dein Bedürfnis ist.

Gib deinen Gefühlen eine Form und du kannst sie besser greifen

Mach deine Gefühle greifbar. Denke an jemanden, bei dem du enttäuscht warst. Lass die Geschichte dazu nicht deinen Kopf beherrschen. Sondern konzentriere dich darauf, wo du bei der Erinnerung daran etwas fühlst: Vielleicht eine Wut im Hals oder eine Angst im Nacken oder eine Traurigkeit im Gesicht. Wenn du nicht genau weißt, wie du das Gefühl nennen kannst, hilft dir diese Methode vielleicht: Wenn es eine Farbe oder Form hätte, wie sähe es aus? Und wenn du es dir in einer bestimmten Farbe oder Form vorstellst: Was passiert als Nächstes in deiner Vorstellung?

→ **Mit dieser Übung kannst du dir selbst klar werden, wie es dir eigentlich damit geht, was du fühlst.** Und du kannst eine Art Inventar aufbauen, wie sich Gefühle bei dir persönlich anfühlen. Vielleicht sind bestimmte Themen für dich eine raue, eckige Wut, andere eher eine glühende, runde Wut. Dann ist das Gefühl etwas, das du selbst erforschen kannst und das du nicht mehr jemand anderem vorwerfen musst. Du checkst, was dein Gefühl ist und kannst dann ruhiger darüber sprechen, wie es für dich ist, das zu fühlen, statt deinem Gegenüber nur deine Gedanken vorzuwerfen.

Deine Gedanken machen deine Gefühle. Mach also deine Gedanken

Eine Erkenntnis, die zu verstehen ich lange gebraucht habe und noch länger, um sie zu verinnerlichen: **Niemand anderes ist für meine Gefühle verantwortlich.**

Es ist gewöhnungsbedürftig, aber ziehe einmal Folgendes in Betracht: Es kann sehr befreiend sein, wenn du bei einem Streit oder in einer unangenehmen Situation nicht zwingend all die schmerzhaften Gedanken haben musst, mit denen du Urteile über dich und andere fällst. Vielleicht denkst du jetzt Folgendes: »Na hör mal, es gibt einfach richtig schlimme Sachen! Darüber keine schmerzlichen Gefühle zu haben, geht nicht!« Ich habe das lange gemacht und auch heute kommt mir das noch manchmal in den Sinn.

Mir fällt dazu ein Zitat von Viktor Frankl ein, dem Begründer der Logotherapie, bei der es um ein wichtiges Bedürfnis geht: den Sinn im Leben. Er hat diese Überlegungen in einer der härtesten vorstellbaren Situationen entwickelt, nämlich als Insasse eines Konzentrationslagers, und er hat seinen Lebenswillen damit erhalten, trotz der wahrscheinlich menschenunwürdigsten denkbaren Lebensbedingungen.

»Alles kann dem Menschen genommen werden, außer einer Sache. Die letzte der menschlichen Freiheiten: die Wahl der eigenen Haltung in jedweder gegebenen Situation.«

VIKTOR FRANKL

UNBEWUSSTE WUT LÄSST DICH URTEILEN

Übernimm auch Verantwortung für deine Wut. Der andere ist ein Idiot? Bei einer Gruppe, die du ablehnst, ist einer dümmer als der andere? Nur weil du dir selbst erlaubst, das in deinem Kopf über jemanden zu denken, verursachst du deinen Ärger. »Ja, aber«, sagst du vielleicht, »dieser Mensch hat unrecht und meine Wut ist berechtigt – wer da nicht wütend wird, der schützt solche Leute!« Vielleicht merkst du schon: Da sind sehr viele Urteile drin. Und mit denen hältst du dich selbst davon ab, die menschlichen Bedürfnisse dahinter zu erkennen: Oft tun Menschen unerklärliche Dinge, wenn sie unerfüllte Bedürfnisse nach Wertschätzung, Respekt, Sicherheit oder Anerkennung haben.

Der Punkt ist: Es geht nicht darum, zuzustimmen oder alles zu tolerieren. Du kannst mit deinen Werten sehr klar sein, wie du leben möchtest und was du schützen willst und wie. Worauf es hier ankommt, ist Folgendes: Du erlaubst dir ein harsches Urteil, einen bewertenden Gedanken über jemanden. Und erst dieser Gedanke erzeugt die Wut. Es ist deine Wut. Ja, sie ist in dir, also ist es dein Gefühl – heißt ja auch so. **Darum nimm die Verantwortung zu dir und sage: »Ich fühle eine irrsinnige Wut«,** und mache klar, um welchen Wert (also welches Bedürfnis) es dir geht. Dann hast du die Verantwortung zu dir genommen, hängst nicht in deinen Gedanken herum und ermöglichst, wieder auf deine eigenen Bedürfnisse und auf eine mögliche Lösung zu schauen.

Prüfe in solchen Fällen, wie du darüber denkst: Wenn du denkst, die andere Seite ist für Gefühle verantwortlich, sind die Verantwortlichkeiten nicht klar. **Ich bin verantwortlich für meine Gedanken, Handlungen, Gefühle, Worte und meine Reaktionen auf das, was mein Gegenüber tut.** Ich bin nicht verantwortlich für die Reaktion meines Gegenübers, das ist sein Bier. Genauso wie seine Handlungen, Gedanken, Gefühle und Reaktionen auf das, was ich sage und tue, sein Bier ist.

HINTER DER WUT STECKEN VIEL UNANGENEHMERE GEFÜHLE

Wut gilt in manchen Gefühlsmodellen auch als Sekundärgefühl, das ein Primärgefühl überdeckt. Was heißt das? Ich habe mich immer wieder gefragt, warum wir Menschen eigentlich wütend werden und was warum manchmal von »berechtigter Wut« gesprochen wird. Ich habe beim Erforschen meiner eigenen Wut festgestellt, dass Wut sehr attraktiv ist, weil sie ermöglicht, handlungsfähig zu bleiben: Immerhin gibt es dann jemanden, der schuld ist und der aus meiner Sicht etwas ändern kann. Und das glaube ich meinem Gegenüber mit Wut signalisieren zu können. Und ich habe den Eindruck, etwas zu bewegen, weil Wut mir die Kraft gibt, mich für meine Bedürfnisse einzusetzen. Die Wut entsteht aber nicht durch die Situation, sondern auch hier kommen zuerst meine Gedanken, die das Geschehen beurteilen, und dadurch wird mein Gefühl ausgelöst. Dieses ist das Primärgefühl, z. B. Traurigkeit oder Angst. Weil diese Gefühle aber so wahnsinnig unangenehm sind (wer hängt schon gerne traurig im Zimmer oder gibt zu, dass er Angst hat), ist es naheliegend, die Wut zu benutzen, um sich nicht so ohnmächtig zu fühlen und die unangenehmeren Primärgefühle nicht fühlen zu müssen.

PRIMÄRGEFÜHL HINTER DER WUT

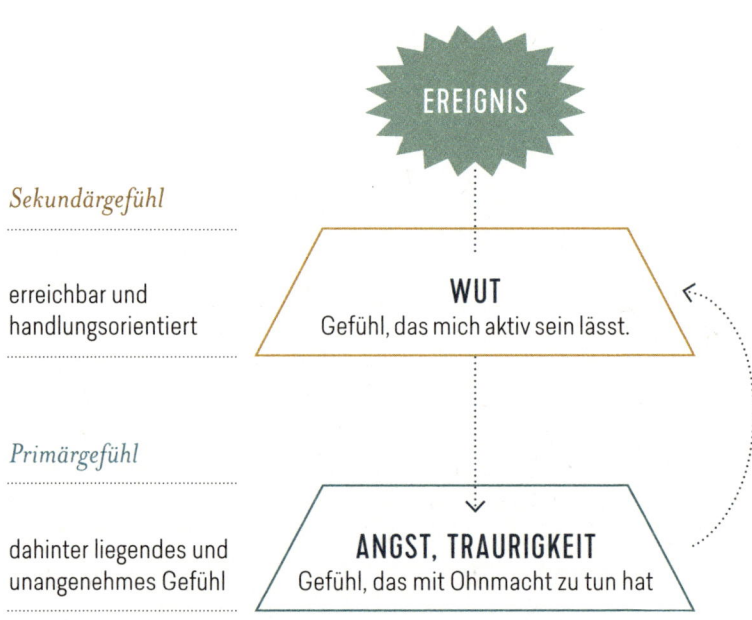

Sekundärgefühl

erreichbar und
handlungsorientiert

WUT
Gefühl, das mich aktiv sein lässt.

Primärgefühl

dahinter liegendes und
unangenehmes Gefühl

ANGST, TRAURIGKEIT
Gefühl, das mit Ohnmacht zu tun hat

BEDÜRFNISSE: NUTZE DEIN TRIEBWERK

>>Anstatt dein Leben dafür hinzugeben, um ein vorgegebenes Konzept von dir zu realisieren, realisiere dich selber.<<

BRUCE LEE

✳

WIE PASST DIESER GEDANKE IN DEIN LEBEN? → *Kennst du die Bedürfnisse, bei denen du ganz du selbst bist? Wie lebst du sie? Und wie ist es in Konflikten: Drehen die sich um vorgegebene Strategien oder um das, was dir von Herzen wichtig ist?*

Bedürfnisse sind das Triebwerk für unser Leben. Sie stehen hinter allem, was wir im Leben tun, und motivieren uns, dass wir uns für das einsetzen, was wir brauchen. Erfüllte Bedürfnisse machen unser Leben schön und lebenswert. Leider haben wir nicht gelernt, sie in den Vordergrund zu stellen, sondern verpacken sie oft – sehr unattraktiv – in Schuldzuweisungen, Klagen, Forderungen oder Interpretationen.

Darum ist es wichtig, dass dir klar ist: **Ohne dein Bedürfnis zu kennen und benennen zu können, bist du ziemlich auf Blindflug** mitten durch die Turbulenzen des Konflikts, und vielleicht auch des Lebens. Wenn du Klarheit über dein Bedürfnis hast, hast du den perfekten Navigator, um ans Ziel zu kommen, und es ist egal, ob du gerade im Flugzeug, im Taxi oder im Stau steckst. Du weißt, wo dein Flug hingeht und worum es dir geht. Und idealerweise hast du auch Klarheit darüber, was dein Gegenüber antreibt. Und nein, es sind nicht die Geschichten, die du dir vielleicht ausdenkst, dass ihn sein Geiz oder sein Egoismus antreiben. Das hatten wir schon vorher (auf Seite 44/45), als wir geschaut haben, was unsere Geschichten sind, warum jemand etwas tut. Erst wenn ihr präzise über das Bedürfnis redet, sorgt ihr für Klarheit.

Auf der Strategieebene zu hängen ist dann so ähnlich, wie sich über den Lärm und die Enge im Flugzeug zu beschweren, den Taxifahrer anzumeckern, dass er schneller fahren soll, und im Stau zu hupen, obwohl alle gerade drinstehen. Plötzlich finden sehr viele Auseinandersetzungen um die aktuelle Strategie statt, anstatt sich darüber klar zu sein, was einen gerade antreibt und wo man im Leben hinwill.

Damit du wirklich über Bedürfnisse statt über Gedanken oder Strategien sprichst und nachdenkst, ist hier eine sehr kurze Definition, die von meinem Trainer Klaus Karstädt inspiriert ist:

Bedürfnisse sind Antworten auf diese Fragen:

Was brauchst du bzw. brauche ich? Was ist dir bzw. mir wichtig? Worauf legst du bzw. lege ich Wert?

Das sind die Bauteile, die ein Bedürfniswort ausmachen, das funktioniert:

→ **Es beantwortet, was du brauchst und was dir am Herzen liegt.**
→ **Es ist abstrakt.**
→ **Es ist etwas, das alle Beteiligten grundsätzlich schätzen.**

Ein wichtiger Punkt, wie du sicherstellst, dass du über ein Bedürfnis sprichst und nachdenkst, ist dieser: Ein Bedürfnis ist etwas Abstraktes. Also ein abstrakter Begriff: so etwas wie ein Wert. Das heißt umgekehrt auch: Es ist nichts Konkretes, keine Person, Handlung oder Sache enthalten. Also keine Pizza, kein Kaffee und auch nicht dein Lieblingsmensch.

Praxis-Hinweis: In der Alltagssprache ist es meist etwas klobig, das Bedürfniswort zu benutzen. Sprachlich kannst du das einbetten, indem du z. B. sagst: »Mir ist Achtsamkeit wichtig.« An sich geht es aber nicht darum, sprachlich exakt am Wort zu kleben. Oft kann das dann gestelzt klingen. Manchmal hilft es schon, die Bedürfnisse in Adjektive zu verpacken: »Es wär voll schön für mich, wenn wir das achtsamer machen.« Im Alltag finde ich es in Gesprächen hilfreich, das Bedürfnis vor allem für mich zu kennen, damit mein Gegenüber versteht, was mich bewegt. Dann ist es mehr eine Art Navigationsgerät, worum es in dem Gespräch geht.

LASS MAL STRATEGISCH DA RANGEHEN!

Genau das machen wir die ganze Zeit; wir sind Strategen fürs Ummünzen unserer Lebenskraft in konkrete Handlungen.

Unsere Bedürfnisse erfüllen wir uns immer mit konkreten Strategien: Wenn du Nahrung brauchst, ist eine mögliche Strategie, Pizza zu essen. Eine andere wäre Salat. Noch eine ein Butterbrot. Kaffee könnte eine Strategie sein, wenn du gerade ein Bedürfnis nach Präsenz und Genuss hast. Das Bedürfnis nach Entspannung kannst du dir mit einem Mittagsschlaf, einem Spaziergang oder sogar mit einer Zigarette erfüllen. Du siehst schon: Nicht alle Strategien sind wirklich lebensdienlich. Darum macht es ja so einen enormen Unterschied, auf das Bedürfnis zu schauen: **Sobald du das Bedürfnis hinter der Handlung gefunden hast, stellst du fest, dass die Strategie vielleicht gar nicht die ist, die am besten für dich und für alle anderen ist.**

Es gibt sehr viele Strategien, die ein einziges Bedürfnis erfüllen können – oft sehen wir jedoch nur eine Strategie, die gerade dann ausgerechnet nicht möglich ist.

Das Blöde ist, dass es oft nicht so klar ist, um welches Bedürfnis es geht, wenn du jemanden im Konflikt hörst. »Was für ein Quatsch!« ist als Rohmaterial nun mal sehr knapp und etwas dürftig, wenn ich herausfinden will, was dem anderen gerade wichtig ist. Das gilt auch in inneren Konflikten, wenn dir nicht klar ist, worum es dir selbst geht. Die Gefahr ist, dass wir dann über Strategien reden und nachdenken. Oft versteigen wir uns dann in ineffektiven Debatten um die »richtige« Lösung, obwohl noch gar nicht klar ist, worum es eigentlich im Kern geht.

Dein Bedürfnis finden: drei Methoden

Im Alltag aufs Bedürfnis zu schauen ist gar nicht so schwer, und es gibt ein paar schöne Tools, um Klarheit und Orientierung zu bekommen:

1. Bedürfnislisten
2. Übersetzen von Normal-Sprech in Bedürfnisse
3. von Gefühlen auf Bedürfnisse schließen

Um noch tiefer in der Bedürfnis-Denke zu landen, kann es manchmal etwas Übung brauchen. Ich kann auch hier noch mal empfehlen, sich eine lokale Übungsgruppe in der Nähe zu suchen.

METHODE 1: BENUTZE DIE BEDÜRFNISLISTE

Eine erste Möglichkeit, um den Kern dessen zu finden, worum es geht, sind Vorschläge für Wörter und Begriffe, die das hinter der vordergründigen Aussage liegende Bedürfnis exakter benennen. Hier sind einige Wörter, die oft gut fürs Beschreiben unserer Bedürfnisse funktionieren:

Freiheit, Respekt, Wertschätzung, Verständnis, Unterstützung, Ruhe, Klarheit

Mir hat es immer sehr geholfen, wenn ich eine Liste mit Bedürfniswörtern zur Hand hatte. Im Anhang auf Seite 110f. findest du noch mehr Begriffe, anhand derer du im Alltag gucken kannst, was es eigentlich ist, worum es dir geht. Wenn du überlegst, was gerade in dir los ist, kannst du sie zur Hand nehmen und in dich hineinspüren, welcher der Begriffe am ehesten dein aktuelles Gefühl trifft.

Ich bin oft überrascht, wenn ich auf der Suche bin nach dem treffenden Bedürfniswort, und dann beim Betrachten der Liste merke, dass vielleicht noch ein ganz anderes Bedürfnis eine Rolle spielt, an das ich nicht im Geringsten gedacht hätte. Probier's also einfach mal aus und schaue, ob die Bedürfnisliste dir weiterhilft.

Genauso kannst du die Liste verwenden, um empathische Vermutungen anzustellen, also dir zu überlegen, was jemand anderem wohl in der Situation wichtig sein könnte.

METHODE 2: WERDE DAS ÜBERSETZUNGSBÜRO FÜR BEDÜRFNISSE

Wie findest du aber das Bedürfnis heraus, wenn dein Gegenüber gerade in wilden Interpretationen spricht oder dir selbst nur Urteile und Beschuldigungen für andere durch den Kopf geistern? In wenigen Schritten kannst du ganz einfach das Bedürfnis dahinter finden.

EINFACH HERAUSFINDEN, WELCHES BEDÜRFNIS DAHINTERSTECKT: DIE ZWEI ÜBERSETZUNGSTOOLS

Tool A: Der Umdreh-Filter

Nützlich, wenn du von anderen eine Bewertung hörst oder wenn du nur Vorwürfe im Kopf hast. Dreh einfach um, was in der Bewertung als Kern steckt.

- ✖ »Das ist total egoistisch.«
- ✖ »Du interessierst dich nicht für mich!«
- ✖ »Wie unverschämt ist das eigentlich?«

Nimm die Bewertung und dreh sie um. Was ist das Gegenteil von der Aussage? Wie wäre es, wenn die Situation erfüllend für die Person wäre?

- ♥ Derjenige ist rücksichtsvoll.
- ♥ Die Person ist interessiert, aufmerksam und fragt nach.
- ♥ ein respektvoller Umgang miteinander

Jetzt hast du das Bedürfnis und damit eine Grundlage, um was es hier eigentlich geht:

- → Rücksicht
- → Aufmerksamkeit
- → Respekt

Letzter Schritt von Tool A:

Jetzt hast du mehr Klarheit und eine neue Grundlage, um mit der Konflikt-situation umzugehen. Du kannst an dieser Stelle eine **empathische Vermutung** anstellen. So klärst du noch mal ab, ob du dir das nur einbildest oder ob es vielleicht noch ein anderes Bedürfnis beim anderen gibt. Allein, jetzt auf der Bedürfnisebene weiterzusprechen, hilft oft schon, um wieder sachlich und effektiv im Gespräch und in Verbindung zu bleiben:

→ »Ist dir in der Situation **Rücksichtnahme** wichtig?«
→ »Geht's dir um einen **aufmerksamen** Umgang?«
→ »Wünschst du dir da mehr **Respekt?**«

Tool B: Die Un-unerwünscht-Methode

Wenn jemand sagt, was unerwünscht ist oder was an der Situation stört: Hier geht es meist um konkrete Handlungen, die jemand nicht gut findet. Welches Bedürfnis steckt hinter dem Verhalten, das erwünscht ist?

Gibt es **»klassische«** Unerwünscht-Sprüche in deinem Umfeld, die du hier gern mal übersetzen würdest? Zum Beispiel:

»Du sollst nicht dauernd rummeckern.«
»Immer lässt du deine Klamotten auf dem Boden herumliegen.«
»Hör auf damit, mir ins Wort zu fallen!«

Was wäre das Erwünschte?

→ *erstmal runterkommen und auch mal das Positive sehen*
→ *Kleidung aufräumen*
→ *aussprechen lassen*

Was wäre das Bedürfnis?

• **Offenheit, Freundlichkeit**
• **Ordnung**
• **Respekt**

METHODE 3: VON GEFÜHLEN AUF BEDÜRFNISSE SCHLIESSEN

Durch die Arbeit mit den vier Grundgefühlen (siehe Seite 55) ist mir aufgefallen, dass bestimmte Gefühle oft mit bestimmten Bedürfnissen verknüpft sind. Das heißt nicht, dass das immer so ist, aber mir hat diese Überlegung schon oft geholfen, schneller Klarheit zu gewinnen, worum es mir oder jemand anderem gerade gehen könnte.

Schau bei dir selbst auch noch mal, ob für dich bestimmte Gefühle und Bedürfnisse zusammenhängen.

 ## WUT

Respekt
Wertschätzung
Augenhöhe
Ansehen

 ## TRAURIGKEIT

Kontakt
Wertschätzung
Harmonie

 ## ANGST

Sicherheit
Ansehen
Unversehrtheit

 ## FREUDE

alle Bedürfnisse

Übrigens funktioniert diese Karte auch andersherum, du kannst sie also benutzen, um vom Bedürfnis aufs Gefühl zu schließen. Das kann nützlich sein, wenn du in einem Konflikt nur weißt, worum es geht, aber den anderen nicht sehen kannst, z. B. in einem Chat. Und auch, wenn du selbst nicht genau weißt, was dieses Grummeln im Bauch für ein Gefühl sein könnte, kannst du mit dieser Zuordnung manchmal besser in Kontakt mit dem kommen, was in dir los ist.

BITTEN WILL GELERNT SEIN. UND GETAN.

»Du bekommst im Leben,
wonach du den Mut hast zu fragen.«

OPRAH WINFREY

WIE PASST DIESER GEDANKE IN DEIN LEBEN? → *Wer könnte etwas tun, um dir einen wichtigen Wunsch zu erfüllen?*

In den 80ern gab es im TV die Rudi-Carrell-Show, bei der Leute mit fantastischen geheimen Wünschen überrascht wurden. Die Sendung bestand im Wesentlichen daraus, dass Menschen ungeahnt einen Wunsch erfüllt bekommen. Es gab so gut wie immer eine Stelle in der Show, wo Rudi auf eine Person im Publikum zuging – und dann war allen klar: Okay, gleich kommt die verschollene Jugendliebe von vor 30 Jahren um die Ecke oder derjenige darf endlich mal auf dem Nürburgring Porsche fahren oder als Michael Jackson verkleidet auf der Bühne stehen. Meistens klang das etwa so, mit holländischem Akzent: »Sie haben einen Wunsch; wissen Sie, wovon ich spreche?« Das Witzige war, dass die Leute immer wieder zuerst gar nicht darauf kamen, was er meinte: »Äh, nein?« Oder sogar etwas anderes sagten, als sie dann bekamen. Generationen von Menschen haben gelernt: »Ich muss nur warten, irgendwann kommt der Rudi aus dem Fernsehen und sorgt dafür, dass sogar meine vergessenen Wünsche erfüllt werden.«

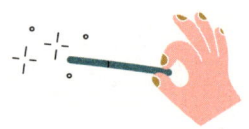

Das ist natürlich überspitzt formuliert, aber dieses Phänomen gibt es auch heute noch: **Wir stecken so in unserer Haut, dass wir es für selbstverständlich halten, dass andere wissen müssten, was wir uns insgeheim wünschen.** Vielleicht kennst du das Phänomen ja in diesem Gewand: Du sitzt auf dem Sofa mit deinem Lieblingsbuch und freust dich daran. Dein Partner oder deine Partnerin kommt heim, hatte einen blöden Tag und es geht ihr/ihm nicht gut. Die Strategie, die jetzt guttäte, ist deinem Gegenüber klar und er oder sie hat sich vielleicht diese Szene schon seit ein paar Stunden vor dem inneren Auge ausgemalt: in den Arm genommen werden. Leider kommt hier aber keine einfache Bitte über die Lippen. Jahrzehnte von Hollywood-Filmen und anderen gesellschaftlichen Vorstellungen haben die Erwartung entstehen lassen, dass Traumprinzen und Traumfrauen Wünsche von den Augen ablesen können. Statt der einfachen Bitte hörst du Klagen über die Arbeit, wie schlimm alles ist. Und der Weg zu zwei unglücklichen Menschen ist kurz, denn du wolltest eigentlich in deinem aktuellen Lieblingsbuch weiterlesen und bist von den immergleichen Klagen genervt – und obwohl du vielleicht selbst Lust auf Kuscheln hattest, findest du dich inmitten von Vorwürfen und Entfremdung wieder.

Woran es liegt, dass du nicht bekommst, was du willst
Wusstest du, dass der häufigste Grund dafür eben nicht ist, dass dir dein »fieser« Mitmensch deinen vermeintlich »unverschämten« Wunsch nicht gönnt? Und es auch nicht daran liegt, dass er keine Lust hat, irgendwas für andere zu tun? Wenn du noch nicht bekommen hast, was du haben willst, ist die Wahrscheinlichkeit hoch, dass du schlicht noch nicht gefragt hast.

»Aber ...«, wendest du vielleicht ein, »... klar hab ich das gemacht. Tausendmal! Er soll aufhören, herumzunörgeln und mich schlecht zu behandeln!« Leider kein Treffer. Du hast gerade gesagt, was du NICHT willst.

»Na ja ...«, sagst du, »... das ist ja wohl klar, was ich meine, wenn ich sage, dass der mich bitte schön endlich mal ernst nehmen soll!« Aber: Wie geht das? Vielleicht ahnst du schon: Eine Anleitung für das ordnungsgemäße Ernstnehmen gibt es leider nicht. Ähnlich ist es mit einer anderen Bitte, die du vielleicht auch schon mal gehört oder gesagt hast: »Ich möchte, dass du so ehrlich bist wie ich zu dir!« – Nur: Wie geht das?

Das sind also alles keine Bitten, die gute Chancen haben, auf der To-do-Liste deiner Mitmenschen abgehakt zu werden.

Deine Erfolgsaussichten steigen enorm, wenn du dich an die vierte Grundüberlegung für ein achtsames Zusammenleben von Seite 15 erinnerst:

»Menschen kooperieren gerne und helfen anderen Menschen, auch deren Bedürfnisse zu erfüllen – wenn ihre eigenen Bedürfnisse erfüllt sind bzw. sie darauf vertrauen, dass auch ihre eigenen Bedürfnisse beachtet werden.«

Wenn du in dieser Haltung achtsam bist, geht es beim Bitten nicht mehr um Zugeständnisse, Macht und Pflichterfüllung, sondern um Kooperation und darum, etwas beizutragen fürs Miteinander.

ACHTSAM BITTEN UND ERHALTEN, WAS DU ZUM GLÜCKLICHSEIN BRAUCHST

So funktioniert es besser, wenn du die Wahrscheinlichkeit erhöhen möchtest, dass ein anderer Mensch hilft, deine Wünsche und Bedürfnisse zu erfüllen:

1. Wissen, was du willst

Oft ist eher klar, was du nicht willst. Setz dich wirklich mit dem Bedürfnis auseinander. So weißt du, worum es dir geht. Das Bedürfnis ist der Kern, um den es dir geht.

2. Strategien überlegen: Um was konkret möchtest du bitten?

Wünsch dir was! Mit dem Bedürfnis in der Hand kannst du dir leichter eine Strategie überlegen, um die du jemanden bitten kannst.

Denk dir mehrere Strategien aus, die dein Bedürfnis erfüllen würden. Was gibt es, das dir jetzt wirklich helfen würde und das jemand anderes für dich tun kann? Kläre es erst mal nur für dich selbst, keiner erfährt zu diesem Zeitpunkt, was du dir als hilfreiche Handlung ausmalst. Such dir dann die Strategie aus, die dir am besten gefällt.

3. Offen für ein Nein sein

Solange ein »Nein« für dich nicht okay wäre, ist es eine Forderung und keine Bitte. Mit einer Bitte respektierst du die Bedürfnisse des anderen Menschen. Das heißt aber nicht, dass du alles akzeptieren musst. Du kannst weiterhin deine Reaktion so wählen, dass du für deine Bedürfnisse einstehst – und dabei die Bedürfnisse deines Gegenübers im Blick hast.

Entscheidend ist, ob du bei einem Nein den anderen mit Emotionen oder Handlungen bestrafen würdest: Wenn du darum bittest, dass jemand den Müll runterbringt, und auf das Nein einfach erst mal genervt seufzt und aus dem Zimmer stampfst, warst du wahrscheinlich nicht vorbereitet und offen für ein Nein. Sei emotional darauf vorbereitet. Leichter ist das, wenn du bereit bist, zu verhandeln: Schlag einen anderen Zeitpunkt vor, frag nach, was dein Gegenüber braucht, um »Ja« zu sagen.

4. Fragen: Stell die Frage! Just do it.

Es erfordert Mut, jemanden um etwas zu bitten. Aber du musst es tun, damit sich etwas in deinem Leben ändert. Denn schließlich bist du nicht allein auf der Welt. Aber du bist auf einem guten Weg, denn du kannst dir mit dem Wissen über Achtsamkeit bewusst machen, ob du überhaupt wirklich bittest. Auf den folgenden Seiten erfährst du, warum es manchmal starke Nerven braucht, um zu bitten.

DIE SCHWIERIGKEIT ZU BITTEN

Nach meiner Beobachtung aus Coachings und persönlichen Gesprächen hat das Bitten oft einen schlechteren Ruf als man meint. Viele wollen gerade in persönlichen Konflikten nicht Bittsteller sein. Und manche verbinden das Bitten mit der Vorstellung, Macht abzugeben und schwach zu sein, wenn sie sich in die Position zu bitten begeben. Dabei liegt im aufrichtigen Bitten eine große Stärke und Klarheit.

Wenn wir unsere Bedürfnisse erfüllt wissen möchten, sagen wir manchmal Dinge wie »Ich will, dass du jetzt auf der Stelle aufräumst, aber zackig bitte!« – keine gelungene Bitte im Sinne von achtsamer Kommunikation. Das »bitte« ist reine Deko in diesem Satz, vermutlich hast auch du nicht den Eindruck, dass da viel Spielraum für Diskussionen ist. Aber auch mildere Varianten funktionieren nicht unbedingt deswegen besser, nur weil ein »bitte« im Satz auftaucht. Oft fängt das schon beim drohenden Tonfall an.

Eine nicht zu unterschätzende Angelegenheit ist das tatsächliche Bitten. Ich habe bemerkt, dass es Mut braucht zu bitten, und zwar in mehrfacher Hinsicht:

- Zunächst einmal ist es gerade im Konflikt erst mal vielleicht nicht so einfach, aus dem Dramadreieck (siehe Seite 37) auszusteigen. Überhaupt daran zu denken, dass du die andere Person um etwas bittest, kann eine Herausforderung sein, wenn du gerade **im Kopf mit der Schuldfrage beschäftigt bist.**

- Eine Bitte wirklich zu formulieren und in den Raum zu stellen, kann ungewohnte Klarheit in euren Kontakt bringen. Vielleicht hat noch nie jemand so klar gesagt, was genau getan werden kann, und **jetzt sind die anderen dran zu entscheiden, ob sie bereit sind, das auch zu tun.** Durch das Bitten entsteht plötzlich so was wie Verbindlichkeit und auch ein gemeinsames neues Fundament. Nicht nur in Beziehungen und Konflikten mit einer Person spielt das eine Rolle, sondern auch in Teams im Arbeitskontext. Es kann sein, dass es Mut braucht, weil die anderen gefordert sind, auch Position zu beziehen. Vielleicht war der Status Quo bequem und sie müssten dafür aus ihrem Trott kommen.

- Du könntest ein Nein zu hören bekommen. Die Angst vor dem Nein dürfte der größte Motivator sein, der abhält, nachzufragen und eine Bitte zu stellen. Statistisch liegen deine Chancen für »ja« oder »nein« bei 50%. **Lass eine Frage nicht ungefragt, wenn sie etwas bewirken könnte!** Weiter hinten (Seite 106) beschäftigen wir uns noch mit dem »Nein«.

- Wenn du erst mal eine Weile zum Nachdenken gebraucht hast, musst du vielleicht erst wieder gezielt **das Gespräch suchen**, um deine Bitte platzieren zu können. Manchmal fällt es leichter, Gras über die Sache wachsen zu lassen und es gut sein zu lassen: Schließlich könntest du wieder in dem Konflikt landen.

- Und nicht zuletzt erfordert es immer ein gewisses Maß an **Verletzlichkeit**, eine Bitte auszusprechen. Weil es manchmal echt ganz schön unangenehm sein kann zu sagen, welche banalen oder potenziell unwillkommenen Wünsche deine Welt wirklich schön machen würden. Je nachdem, wie sehr du der anderen Person vertraust, kann es aber total einfach sein, deine »komische« Bitte zu benennen. Und das Erstaunliche ist, dass es dann überraschend oft gar nicht so abwegig ist und dein Gegenüber zustimmt. Der Mut lohnt sich meiner Erfahrung nach meistens und wird belohnt.

Gerade im beruflichen Umfeld kommt noch dazu, dass normale Arbeitsverhältnisse weisungsgebunden sind und auf Hierarchien basieren. Es gibt fruchtbarere Voraussetzungen für achtsames Miteinander. Aber es ist dennoch möglich. Dafür zeige ich dir auf den nächsten Seiten ein paar Ansätze, die mir selbst sehr weitergeholfen haben.

Und schließlich ist noch wichtig: Du musst nicht auf Teufel komm raus unbedingt eine Bitte wirklich aussprechen. Oft hilft es auch schon, wenn du für dich genau überlegt hast, was dir denn helfen würde. **Mit der konkreten Bitte in deinem Kopf kommst du schon enorm viel weiter und du hast massive Klarheit, was dir wirklich weiterhelfen würde.**

BITTEN LIKE A PRO: LERNE DIE KUNST, ZU BITTEN

Vielleicht hast du schon einmal von der SMART-Formel gehört, um effektiv Ziele zu setzen. **SMART** ist eine Abkürzung aus dem Englischen, die für **»S – Specific, M – Measurable, A – Achievable, R – Relevant, T – Time Stamped«** steht.

Auf einer ähnlichen Grundlage kannst du smarte Bitten mit Aussicht auf Erfolg formulieren. **Fürs Bitten habe ich eine eigene Formel für dich, die ich an der SMART-Formel angelehnt habe: die SMARTO-Formel für achtsames Bitten.** Die fasst noch mal alle wichtigen Punkte zusammen, sodass es für dich leicht zu merken ist.

Wenn du weißt, worauf du beim Bitten achten kannst, hat dein Wunsch höhere Chancen, erfüllt zu werden. Wenn du auf diese Punkte achtest, ist das schon die halbe Miete. Du sorgst dafür, dass klar ist, was du überhaupt möchtest und wie jemand etwas für dich tun kann:

S - Spezifisch

Sei spezifisch und konkret: Hier helfen dir die W-Fragen (wer, was, wann, wo, wie lange). Oft ist es nicht so leicht zu wissen, was genau du brauchst. Vielleicht kennst du ja sogar schon dein Bedürfnis. Aber wie könnte man dir wirklich helfen? Was würde dir wirklich guttun? Was wäre die eine Aktion, womit es für dich schöner wird? Nimm hier immer eine konkrete Handlung.

M - Machbar

Ein »Ich will dass du nicht ...« ist nicht erreichbar. Formuliere es also positiv: Sag, was du haben willst, nicht das, was du nicht willst.

A - Aktuell

Es geht um eine Zusage nur für jetzt und die Bereitschaft, gegebenenfalls neu zu verhandeln. Menschen wissen nur, was sie genau jetzt wollen. Vermutlich hattest du auch schon mal in einem Moment deines Lebens Klarheit darüber, dass du bereit bist, etwas zu tun, wozu du einige Zeit vorher niemals Ja gesagt hättest – und umgekehrt. Deine Bitte ist kein Heiratsantrag. Es geht nur um das, was die Person derzeit tun will. Nicht, was sie in einem Monat will oder in zehn Jahren.

R - Relevant

Welche Relevanz hat der Wunsch für dein Leben? Nenne hier dein Bedürfnis: Du hilfst anderen zu verstehen, was dich zu dieser Bitte motiviert. Dein Bedürfnis zu nennen erhöht die Wahrscheinlichkeit, dass du bekommst, was du brauchst.

T - Terminiert

Gib der Vereinbarung einen Zeitstempel: Wann soll das getan werden?

O - Offen

Sei offen für ein Nein. Stelle sicher, dass du nicht forderst.

SMARTO

SPEZIFISCH   MACHBAR

AKTUELL   RELEVANT

TERMINIERT   OFFEN

Die wichtigste Frage ist beim Bitten: Bist du bereit, ein Nein zu akzeptieren? Eine Bitte ist nur dann eine Bitte, wenn du deinem Gegenüber diese Möglichkeit zum Selbst-Entscheiden wirklich einräumst. Denk dran: Ein Nein gilt immer nur für diesen einen Moment. Du kannst es zu einem anderen Zeitpunkt oder mit einem Vorschlag für eine andere Strategie wieder versuchen.

Wenn du in einer Bitte um Gefühle bittest, funktioniert das selten: »Bitte sorge für Freude« wird den Gebetenen vermutlich ratlos zurücklassen. Frag dich stattdessen selbst: Wie kann die Person für Freude sorgen? Bitte nur um konkrete Handlungen. **Dafür musst du dir natürlich darüber klar werden, was jemand dafür tun kann**, z. B. wenn dein Bedürfnis Gemeinsamkeit ist, könnte deine Bitte sein: »Ich merke, dass du mich liebst, wenn du mit mir Zeit verbringst. Bist du bereit, pro Woche zwei Abende für mich zu reservieren?«

Die Bitte ist so was wie das Gegenstück zu Schritt 1 (siehe Seite 17), der Beobachtung: Sei so konkret, dass es eine Regieanweisung für ein Kamerateam sein könnte. Wenn du auf Drehbuch-Level unterwegs bist, ist die Wahrscheinlichkeit hoch, dass jedem klar ist, was du möchtest und welche Handlung etwas dazu beitragen würde, dass es dir gut geht. Bleib auf dem Drehbuch-Level, wenn du deine Wünsche erfüllt bekommen möchtest.

→ EXPERIMENT

BAU DIR EINE BITTE. Benutze den Bitten-Baukasten und nutze die Möglichkeit, eine Bitte an eine konkrete Form in deinem Leben zu formulieren.

1. Wen willst du um etwas bitten? Deine Partnerin? Deine Eltern, deine Kinder, oder jemanden im Freundeskreis?

2. Welches Bedürfnis von dir würde das erfüllen? Es können auch mehrere sein. Schau zur Inspiration im Anhang auf die Bedürfnisliste.

3. Überlege dir ein paar Möglichkeiten für Strategien, die dir wirklich helfen würden.

4. Schreibe deine Lieblingsstrategie mit der SMARTO-Formel auf.

Natürlich kannst du auch an deiner Arbeitsstelle eine Bitte platzieren – zum Beispiel um eine Gehaltserhöhung. Auch da kannst du Wahrnehmung (beschreibe, wie du dich eingebracht hast) und Bedürfnis (zu welchen Unternehmenszielen hast du beigetragen, welches Bedürfnis, z. B. Wertschätzung, erfüllt sich für dich?) benennen.

Beispiele, wie du um Bedürfnisse bitten kannst:

»Ich würde mein Problem mit der Situation gerne mit dir **zusammen** lösen. Hast du eine andere Idee, wie es für dich funktionieren würde, mich zu **unterstützen?**« (= nach einer anderen Strategie fragen)

UNTERSTÜTZUNG

»Ich vermisse es, unter Menschen zu sein und mich **auszutauschen**. Hast du Lust und Zeit, dich am Samstag mit mir zu treffen?«

KONTAKT

»Ich wünsch mir **Verständnis**. Mir ist gerade nur wichtig, dass ich weiß, dass du keine Kritik an dir hörst. Magst du mir bitte sagen, was du gehört hast?«

VERSTÄNDNIS

Bitten zu formulieren ist ein Prozess, kein One-Shot Event
Jetzt wissen wir schon, wie bitten geht. Nur wie gelingt es, bei einem »Nein«
weitere Möglichkeiten auszuloten?

Wenn du bittest, geh davon aus, dass der erste Wurf deiner Bitte nicht in Stein
gemeißelt ist, sondern noch angepasst werden kann. Dein Gegenüber wird dir
sagen, wozu sie oder er bereit ist und wozu nicht. Du wirst also Feedback zu
deiner Bitte bekommen. Es kann sein, dass so etwas wie eine kleine Verhand-
lung beginnt, bei der ihr, mit den Bedürfnissen beider im Blick, schauen könnt,
welche Strategie eure Bedürfnisse erfüllt. Wenn du also eine Bitte in den
Raum gestellt hast, frag nach, ob das für den Menschen vorstellbar ist. Mach
dir auch klar: Du hast diese Person gerade zu deinem Lieblingsmenschen für
die Erfüllung der Bitte ausgewählt.

Und dann lerne aus dem Feedback, falls für dein Gegenüber gerade nicht
vorstellbar ist, zu deiner Bitte »Ja« zu sagen: Welche Strategie passt, die die
Bedürfnisse von allen berücksichtigt? Vielleicht ist es der Zeitpunkt? Oder die
Dauer? Oder erst mal nur ein Teil, dann ein anderer? Kannst du es vielleicht
teilweise ohne die andere Person erfüllen? Und trotzdem wieder in Kontakt
sein, ohne zu grollen?

Genauso ist es mit einem Nein: Wenn jemand, den du um eine konkrete Handlung gebeten hast, gerade nicht bereit ist diese zu erfüllen, kannst du nachfragen. Zum Beispiel so: **»Gibt es etwas, das du brauchst, damit du meine
Bitte mit Freude erfüllen magst?«** So kannst du sicherstellen, dass die Bedürfnisse aller gesehen werden und der Kontakt miteinander gewahrt bleibt.

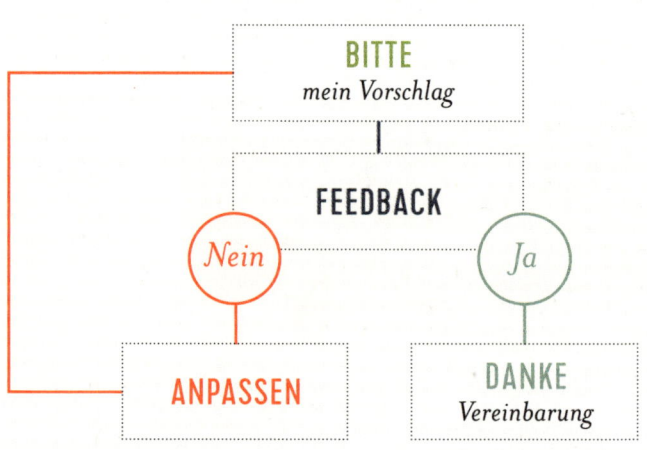

Wie Bitten ohne Fordern funktioniert

Bei meinen Trainings kommt immer wieder die Frage, ob das denn alltagstauglich ist. Als Chefin oder Elternteil müsse man schließlich manchmal was fordern. Wenn wir immer für ein Nein offen seien, würden wir mitten in Anarchie und dem Vorhof der Apokalypse landen und keine Orientierung geben. Vielleicht hast du oben schon bemerkt, dass es sehr viel Klarheit und Präzision braucht, eine Bitte zu formulieren. Allein das ist schon ein wichtiger Teil, der sehr viel Verbindlichkeit schafft, meistens mehr als bloße Forderungen oder unausgesprochene Erwartungen.

Die Frage ist ja: Warum tun Menschen etwas, worum du sie bittest? Willst du lieber, dass Menschen etwas für dich tun, weil sie Strafen oder Nachteile befürchten, oder weil du weißt, dass sie sich frei dafür entschieden haben? Mit der Offenheit für ein Nein signalisierst du, dass du die Entscheidungsfreiheit anderer Menschen respektierst.

Du kannst das in der Diplomatie und auch im Business bei Verhandlungen sehen: Tragfähige Entscheidungen und gute Geschäftsbeziehungen sind nur die, die auf gegenseitigem Vertrauen basieren. Und dafür brauchst du die Bereitschaft, in die Schuhe der anderen Person zu schlüpfen (dazu kommen wir auf den nächsten Seiten noch im Detail) und die Bedürfnisse der anderen zu sehen, wenn du eine Entscheidung triffst. Sonst hast du direkt Widerwillen, Rebellion, passiv-aggressives Verhalten eingeladen, das wird deinen Wunsch langfristig nicht zu deiner Zufriedenheit erfüllen.

Natürlich ist das erst mal ungewohnt, von Forderungen abzuweichen und Bitten mit offenem Ausgang zu formulieren. Überlege mal für dich: Kannst du mit deiner Hoffnung auf Erfüllung deiner Bitte auch zurückstecken? Falls du verzweifelst, wenn du Ärger hochkommen spürst bei einem Nein, oder wenn deine Strategie nicht auch die Lieblingsvariante deines Gegenübers ist: Mach dir klar, dass Menschen keine Onlineshops sind, bei denen du einfach was bestellen kannst. Es braucht Kommunikation, Mitsprache und Austausch, um eine gemeinsame Lösung zu finden.

DOs & DON'Ts

→ DOs

- Respektiere, dass die gebetene Person **frei entscheiden** kann. Das heißt, bereit für ein Nein zu sein.

- Sei **präzise** mit dem, was du willst: was exakt, wann, wo und wie.

- Bitte nur um **Erfüllbares**: eine Handlung, die von der Person hier und jetzt überprüfbar ist.

- Sei bei dem, was du möchtest, in der **Gegenwart**. Für die Zukunft gibt es nur Wünsche. Was ist das, was dein Gegenüber genau jetzt für dich tun kann?

→ DON'Ts

Hier sind ein paar Gründe, warum Bitten nicht funktionieren:

- **Du bittest nicht, sondern forderst**.
  Forderungen erkennst du nicht an einem bestimmten Wort, sondern vielmehr daran, ob du ein Nein akzeptierst.

- **Du weißt nicht genau, welche Handlung dich glücklicher machen würde.**
  Mach eine Selbstklärung und finde heraus, was dein Bedürfnis ist.
  Eine Möglichkeit dafür ist die Introflect-App fürs Handy.

- **Allgemeine Wünsche funktionieren nicht:** »Bitte sei achtsamer und ordentlicher!« ist Wünsch-dir-was. Konkrete Handlungen schlägst du hier vor: »Bitte klopfe an, wenn meine Tür zu ist, und räume die Sachen im Bad weg, wenn du sie benutzt hast.«

- **Unerfüllbare Bitten**
  »Ab jetzt immer« ist schwierig zu erfüllen, denn es könnte Ausnahmen geben.

- **Du bittest mit einem Vergleich**
  »Bitte sei so zuverlässig wie dein Kollege« funktioniert nicht gut, weil die Person eben nicht der Kollege ist. Das wird ihr wahrscheinlich als Erstes selbst auffallen und ihr lauft Gefahr, darüber zu streiten.

- **Du bittest um Gefühle oder Bedürfnisse**
  »Kannst du mich bitte lieben?«, »Bitte respektiere mich«, »Sei freundlich zu mir«: Wie geht das? Was für eine Person freundlich ist, ist für jemand anderen das Minimum. Mach klar, was du darunter verstehst.

- **Wischiwaschi-Bitten**
  »Demnächst« oder »manchmal« ist nicht konkret. Gib deiner Bitte ein konkretes Datum: Innerhalb der nächsten drei Monate? Einmal am Tag? Bis zum Jahreswechsel? Das mag vielleicht manchmal wie Erbsenzählerei klingen, aber nur wenn du deine Bitte möglichst fix machst, kann dein Gegenüber sie auch wirklich erfüllen.

→ VERWANDLE DIES IN DAS

Du solltest mal …	→ Ich wünsche mir …
Ab jetzt immer …	→ Ich wünsche mir …
Ich will, dass du X tust.	→ Bist du bereit, X zu tun?

Beispiele für konkretere Bitten

… dass du freundlich bist	→ … dass du mich erstmal umarmst, wenn wir uns treffen
Hilf im Haushalt mit.	→ Bist du bereit, …?
… dass du mich ernst nimmst	→ Kannst du bitte kurz wiederholen, was du gehört hast, damit ich weiß, ob du verstanden hast, worum es mir geht?
… dass du mich liebst	→ Bist du bereit, einmal im Monat mit mir einen Ausflug zu machen?
… dass du für mich da bist	→ Magst du mir innerhalb von einer Stunde antworten, wenn du eine Nachricht von mir gelesen hast?
… dass du mich akzeptierst	→ Kannst du mich bitte fragen, was für mich wichtig ist, wenn du das nächste Mal eine Entscheidung triffst, die mich betrifft?

EMPATHIE: DER PERSPEKTIVWECHSEL AUF DIE SONNENSEITE DES LEBENS

*»When you know how to listen,
everybody is the guru.«*

RAM DASS

WIE PASST DIESER GEDANKE IN DEIN LEBEN? ➜ *Wo bist du mit deinen Gedanken, wenn du zuhörst? Denkst du schon an deine Antwort oder bist du mit deiner Aufmerksamkeit bei deinem Gegenüber?*

Kennst du das? Du bist im Gespräch mit jemandem, und du spürst, dass der andere dich wirklich komplett verstehen will. Er sagt nicht nur: »Ich versteh dich«, und schon gar nicht: »Ich versteh dich, aber ...«, nein: Du spürst, dass die Person komplett bei dir ist, und du merkst – da weiß jemand echt, wie das für dich ist, und hat kein Problem damit, was du fühlst, sondern kann die Intensität von deinem Gefühl erkennen und hat keine Urteile darüber. Wenn du das schon mal erlebt hast, weißt du, wie erleichternd das ist, verstanden zu werden und von jemandem Mitgefühl zu erleben.

Ich hatte in meinem Leben ein paar solcher Situationen, und die sind mir im Bewusstsein geblieben: Der Streit mit einer Partnerin, bei dem sie plötzlich komplett meine Perspektive verstanden und wiedergegeben hat, war für mich ein so unerwartetes und bemerkenswertes Erlebnis, dass es mich auf den Weg gebracht hat, mich mit Empathie und Achtsamkeit zu beschäftigen. Empathie verhilft uns zu dem, was wir alle wollen: ernst genommen werden und gehört sein.

Obwohl wir davon ausgehen können, dass praktisch alle Menschen das sehr schätzen, gibt es erstaunlicherweise kein Schulfach und auch in unserer Kultur kaum Möglichkeiten, wirklich zu erleben und zu erlernen, wie Empathie funktioniert. In der Sprache der australischen Aborigines gibt es für das, worum es bei Empathie im Kern geht, ein eigenes Wort: ***Dadirri*** – dort bedeutet dieses Wort den tiefen, spirituellen Akt des reflektierten und respektvollen Zuhörens.

Mitgefühl ist weder Mitleid noch Einverständnis

Empathisch zu sein und Mitgefühl zu haben bedeutet nicht, dass du im Leid von jemand anderem versinkst. Das ist ein wichtiger Unterschied zwischen Mitleid und Mitgefühl.

Wenn du empathisch bist, übernimmst du für dich selbst nicht die komplette Perspektive der anderen Person. Du musst also nicht gut finden, was die Person denkt oder tut. **Es geht darum, wirklich zu verstehen, wie es für den anderen ist. Das heißt, Verständnis aufzubringen und deine Meinung und Bewertungen über das, was du da hörst, zurückzustellen.** Das bedeutet auch, dass es nicht wirklich Mitgefühl ist, wenn du ins Schimpfen der anderen Person einsteigst und du dich auch über den Übeltäter aufregst. Damit landest du eher wieder als Retter im Dramadreieck (Seite 37).

Mitgefühl ist eher so, dass du respektvoll verstehst, was die Erfahrung anderer Menschen ist. Du kannst dabei achtsam betrachten, was bei dir an Gefühlen und Bedürfnissen auftaucht, wenn du zuhörst. Es gibt diesen Song »Walking in my Shoes« von Depeche Mode aus den frühen 90ern. Dieser Titel beschreibt ungefähr, worum es geht: Die Schuhe einer anderen Person anzuprobieren und mit den Voraussetzungen und der Perspektive der anderen ihren Weg nachzuvollziehen. Und zu verstehen, wie die Welt aussieht, wenn du im Schuhwerk der anderen stehst.

→ EXPERIMENT

PROBIERE ES MAL AUS: In Sneakern, Wanderschuhen, High Heels, Sandalen und Pantoffeln findest du die persönliche Prägung durch die persönliche Art eines Menschen, durchs Leben zu gehen. Frag mal einen Freund oder deine Partnerin mit einer ähnlichen Schuhgröße, ob du mal ein paar Meter in ihren ausgelatschten Schuhen gehen darfst. Ich habe es mal ausprobiert: Es kann eine interessante Erfahrung sein, das mit dem Laufgefühl in den eigenen treuen Alltagstretern zu vergleichen. Wie würdest du die Erfahrung beschreiben? Vielleicht findest du eine überraschende Parallele zu deinen Charaktereigenschaften oder denen der Schuhbesitzerin.

Die Perspektive wechseln

Und genauso wenig heißt empathisch sein, dass du »dir alles bieten lassen« musst. Empathie heißt, Dinge richtig zu verstehen, zuzuhören, miteinander zu verhandeln. Sie hilft, dass die Sache nicht eskaliert. Dadurch, dass dein Gegenüber merkt, dass du an seiner Perspektive wirklich interessiert bist und die Bedürfnisse und Gefühle nachvollziehen kannst, baust du Vertrauen auf. Das ist die wichtigste Grundlage für ein gutes Miteinander.

Hier kommt es auch wieder auf deine Haltung an (siehe Kapitel 1, Seite 15): Wenn du nur so tust, als würdest du zuhören, um endlich an dein Ziel zu kommen und Ruhe zu haben, klappt das nicht. Schenk dem anderen wirklich deine Aufmerksamkeit für seine Perspektive und sei neugierig, so als würdest du ein Kunstwerk aus einer anderen Kultur betrachten und verstehen wollen.

So geht's

Wenn du empathisch rückmelden willst, dass du dein Gegenüber verstehst, gibt es erst mal eine Faustregel: Sag nicht »Ich versteh' dich«. Denn meist folgt darauf ein »Aber ...« – und es geht nicht mehr um die andere Person, sondern um dich.

Neben dem Perspektivwechsel (»die Schuhe des anderen anprobieren«) gibt es ein paar Ansätze, wie das mit der Empathie klappen kann:

- **Sich an den vier Schritten entlanghangeln:**
  »Als du das **gesehen** hast, hast du dich so **gefühlt.** Und dabei ist dir das eine **Bedürfnis** so wichtig! **Ist das so** für dich?«

- **Durch eine Wiederholungsschleife spiegeln, wie es dem anderen geht:**
  Er/sie: »Ich hab da keinen Bock drauf.«
  Du: »Okay, du bist echt nicht bereit, das zu tun.« (➜ *Das ist die Wieder-holungsschleife.*)
  Er/sie: »Ja, genau! Ich hab dir das auch schon tausendmal gesagt!«
  Jetzt spiegelst du auch das, um zu checken, ob du es verstanden hast:
  »Verstehe, du hast das schon verdammt oft versucht, mir klarzumachen, und dich **frustet** das inzwischen.«

In diesem Fall hast du sogar das Gefühl (nämlich die Wut) angesprochen, das du vermutest: Frust ist eine Form von Wut. Im Anhang gibt es eine Übersicht, wo du dich etwas orientieren kannst, welche Gefühle oft mit welchen Worten beschrieben werden.

SELBSTEMPATHIE – SO MACHST DU DICH SELBST KLAR

Damit wir anderen Menschen Empathie geben können, müssen wir selbst genügend Ressourcen haben. Das ergibt sich schon aus der 4. Grundannahme (siehe Seite 15).

Solange aber noch wichtige Bedürfnisse im Argen liegen und der Tank bei all deinen Bedürfnissen gerade leer ist, musst du erst mal für dich selbst sorgen. Das ist wie bei den Notfallregeln im Flugzeug: Hilf dir zuerst mit der Bedürfnis-Sauerstoffmaske, erst dann hast du genug Grundlage, um jemand anderem zuzuhören. **Wenn du effektiv kommunizieren willst, dann frag dich: Wo stehst du gerade, wie voll ist dein Tank?**

Eine Methode ist es, dass du dir selbst Empathie gibst. Das ist gar nicht so schwer und auch eine wichtige Basis für Resilienz, also die Fähigkeit, mit Stress und Veränderung umzugehen. Dazu benutzt du auch wieder die vier Schritte von Marshall Rosenberg, nur diesmal auf dich selbst angewendet:

DIR SELBST EMPATHIE GEBEN MIT EINER SELBSTKLÄRUNG

- Was habe ich **beobachtet?**
- Wie **denke** ich darüber?
- Was **fühle** ich jetzt?
- Was **brauche** ich? Was liegt mir am Herzen und ist mir wichtig?
- Was kann ich oder jemand anderes jetzt **tun**?

Wie du siehst, gibt es hier noch einen weiteren Schritt, nämlich die Gedanken. Ich empfehle, diesen weiteren Schritt mit einzubauen. Das ist auch das Prinzip, mit dem ich arbeite und das wir bei Introflect als Basis für die App verwendet haben.

Deine Gedanken sind die Quelle deiner Gefühle, denn je nachdem, wie du das Geschehene bewertest, hast du unterschiedliche Gefühle. Wenn du die Gedanken aufschreibst, kannst du noch besser daraus ableiten, was dein Bedürfnis eigentlich ist. Zum Beispiel mit der Umdreh-Methode. (Diese und andere Methoden, um aus Gedanken dein Bedürfnis herauszufiltern, findest du in diesem Kapitel auf Seite 65.)

Wenn du selbst Empathie brauchst
So bekommst du Empathie, wenn dein Bedürfnis-Tank leer ist:

- Bitte jemand anderen (nicht die Person, mit der du gerade einen Konflikt hast und die vielleicht selbst Empathie braucht), dir zuzuhören: »Kannst du mir gerade für zehn Minuten einfach nur zuhören? Ich brauche gerade jemanden, mit dem ich über mein Thema sprechen kann. Du brauchst nichts zu tun, mir hilft, wenn du einfach für mich da bist.« Das ist auch das Geheimnis von Freundschaften: Um Unterstützung bitten zu können. Mach deine Freunde und Freundinnen zu deinen Bedürfnis-Buddys, wenn es gerade hart auf hart kommt.

- Mach eine Selbstklärung, also gehe für dich selbst die Schritte durch (auf Papier oder mit einer App wie Introflect), was du gerade brauchst und worum es dir geht. Wenn es bei dir hoch hergeht, kannst du auch erst mal sagen, dass du das tun willst: »Du, ich brauche kurz Zeit, um für mich selbst zu klären, was los ist. Ich höre dir gerne nachher wieder zu, ich **brauche gerade 15 Minuten für mich selbst** und bin dann wieder da. Passt das Bedürfnis für dich?«

- Wenn du denkst, dass dein Gegenüber gerade ausreichend Ressourcen hat, dir erst mal kurz selbst zuzuhören, kannst du auch direkt dort fragen: »Bist du bereit zu hören, was gerade in mir los ist, wenn ich das höre?«

DOS & DON'TS

→ DOs

- Stelle sicher, dass du genug **Ressourcen** hast, um zuzuhören und auch Schuld-Aussagen deines Gegenübers übersetzen zu können (siehe Seite 94).

- Schau beim Vermuten von Bedürfnissen eher auf die **Wünsche** als auf das, was unerfüllt ist: »Wünschst du dir Freiheit?« hat einen anderen Fokus als »Hast du zu wenig Freiheit?« – da kann es eher sein, dass ihr viel Energie in die Traurigkeit steckt und in der Problem-Perspektive hängen bleibt, was alles gerade doof ist.

- Achte darauf, **dass du wirklich fragst,** statt Aussagen zu machen. Wenn jemand sagt: »So ein Quatsch!«, und du antwortest: »Du fühlst dich wütend«, dann kann das wirken, als wärest du eine außenstehende Gefühls- und Bedürfnis-Expertin für den anderen. Frag lieber nach: »Bist du **wütend**?« Der andere weiß selbst am besten, wie es ihm geht, und sagt: »Genau!« Betrachte dich als Geburtshelfer für Gefühlsaussagen.

→ DON'Ts

- **Ratschläge geben:** Lösungen anzubieten ist zwar sehr beliebt und manchmal auch erwünscht, aber es hat zunächst nichts mit Empathie zu tun. Oft ist es eine der Kommunikationssperren (siehe Seite 32f.).

- **W-Fragen (was, wie, wann etc.):** Damit landest du auch recht leicht in einer Kommunikationssperre, und für deinen Gesprächspartner oder deine Gesprächspartnerin kann das manchmal ein bisschen so sein, als würde er oder sie ausgefragt werden.

VIER OHREN FÜR EIN HALLELUJA:
WÄHLE DEINEN FILTER, WIE DU DIE WELT HÖRST

»Wie ich entscheide, eine Situation zu betrachten,
beeinflusst ganz wesentlich, ob ich die Macht habe,
sie zu ändern, oder ob ich die Dinge verschlimmere.«

MARSHALL B. ROSENBERG

＊

WIE PASST DIESER GEDANKE IN DEIN LEBEN? ➔ *Aus welcher Perspektive betrachtest du die Ereignisse in deinem Leben? Hast du die Schuld- oder die Verständnisbrille auf? Was passiert, wenn du beginnst, die Situation auf Grundlage der Bedürfnisse zu betrachten und dich zu fragen: Welche meiner Bedürfnisse sind erfüllt oder unerfüllt? Und wie sieht es aus mit den Bedürfnissen der anderen Menschen in dieser Situation?*

Wenn du den Anfang dieses Kapitels (Seite 41) noch im Kopf hast, weißt du noch:

Es geht beim achtsamen Hören darum, mit seinen eigenen Emotionen und Reaktionen klar und verantwortungsvoll umzugehen.

Nur wie schaffst du es, achtsam mit den Emotionen umzugehen, wenn die Gefühle plötzlich einfach da sind? Die Antwort liegt wieder in deinem Kopf: Was denkst du da und in welchem Filter läuft das ab, was du denkst? Denn – das haben wir in den Gefühls-Abschnitten angeschaut: Unsere emotionalen Reaktionen entstehen aus unseren Gedanken.

Eine Voraussetzung, um empathisch sein zu können, ist, dass ich mir anhören kann, was andere sagen, ohne emotional direkt in ein Drama, Gedankenschleifen, Selbstzweifel oder Gegenangriffe zu fallen. Ein Skill, der nicht nur für Beziehungen und Freundschaften ein Gamechanger ist, sondern im Job und in der Politik mindestens genauso nützlich wäre.

Wir filtern das, was wir hören, immer wieder durch drei Ebenen:

1. Unser Glaubenssystem: Was halten wir für wahr?
2. Unsere Grundannahmen: Wie sehen wir Menschen allgemein?
3. Unsere Erfahrungen: Was haben wir erlebt?

Die ersten beiden Punkte haben wir meist durch unsere Gesellschaft mitbekommen: In der Kindheit hauptsächlich durch Schule und Familie, oder auch später als Erwachsene durch Informationen. Unsere Erfahrungen wiederum können unsere Annahmen über die Welt und die Welt verändern. Nur: Wie genau passiert das eigentlich? Das Spannende ist, dass du einen Einfluss hast, wie du deine Erlebnisse einordnest!

Du kannst nämlich entscheiden, wie du das, was geschieht, interpretierst. Wir Menschen filtern unsere Wahrnehmungen ständig unbewusst mit den drei Ebenen und bewerten sie. Daran ist nichts verkehrt. Eine Interpretation kommt also am Ende ohnehin heraus. Aber sobald du achtsam bist und weißt, durch welchen Filter deine Wahrnehmung gelaufen ist, weißt du auch, wie du zu dieser Einschätzung gekommen bist. Anders als in dem Teil mit der Beobachtung geht es hier darum: Du kannst dich bewusst, noch während du im Schritt »Wahrnehmung« Aussagen hörst, für etwas Neues entscheiden. So kannst du dich für Verbundenheit mit dir selbst und mit anderen einsetzen.

Wähle deinen Ohrenfilter
So kommst du zu deinem Hör-lelluja: Du hast 2x2, also vier Möglichkeiten, auf welche Weise du zuhören kannst. Zwei davon funktionieren besonders gut dafür, um mit deinem Gegenüber in Verbindung zu kommen. Die anderen beiden eher dafür, Trennung zu erzeugen.

Hier ist ein Satz, den dir jemand »um die Ohren haut«:

»Das ist einfach dumm, so was nicht zu machen!«

→ Jetzt bist du gefordert:

Welchen Hörfilter setzt du dir jetzt auf?

Richtet er sich auf dich oder auf andere?

Die vier Möglichkeiten eine Aussage zu hören, am Beispiel:
»Das ist einfach dumm, so was nicht zu machen!«

SCHULDOHREN NACH <u>AUSSEN</u>

Filter-Satz: »Mit der/dem stimmt was nicht.«
Ergebnis: andere beschuldigen

➜ *»Selber dumm, ey, du hast doch keine Ahnung!«*

SCHULDOHREN NACH <u>INNEN</u>

Filter-Satz: »Mit mir stimmt was nicht.«
Ergebnis: sich selbst fertigmachen

➜ *»Oh shit, ich hab es übertrieben. Ich sollte einfach die Klappe halten.«*

VERSTÄNDNISOHREN NACH <u>AUSSEN</u>

Filter-Satz: »Der/die sagt das, weil ihm/ihr etwas wichtig ist.«
Ergebnis: empathisch im Gespräch bleiben

➜ *»Ich kapier's noch nicht ganz: Geht's dir um Vernunft und Verantwortung?«*

VERSTÄNDNISOHREN NACH <u>INNEN</u>

Filter-Satz: »Mir ist hier etwas wichtig.«
Ergebnis: Selbstempathie / klar haben, was mir wichtig ist

➜ *»Wenn ich das höre, bin ich sauer. Mir ist Respekt wichtig und mir geht es auch um Vernunft!«*

Die ersten beiden Möglichkeiten in der Zeile oben kennst du bereits: Da schaust du auf die anderen und was du nach außen zu ihnen sagen kannst. Entweder setzt du die Schuldbrille auf und spielst das Dramaspiel mit. Oder du bist empathisch und schaust mit der Verständnisbrille auf die anderen und das, was geschieht.

Jetzt kommen noch zwei Möglichkeiten mehr dazu, bei denen du nach innen schaust. Wie betrachtest du dich und wie redest du denn mit dir? Denn genau das kannst du auch aus den beiden Perspektiven machen. Und es ist hilfreich zu wissen, ob du Schuld beziehungsweise Verständnis auf dich oder auf die anderen richtest. Checke das mal bei dir: Was tust du normalerweise?

→ EXPERIMENT

Auf welchen Ohren hörst du meistens zu? Gibt es Unterschiede in verschiedenen Situationen oder mit verschiedenen Menschen? Schau mal in deine letzten drei Chats in deinem Telefon: Mit welchen Ohren hast du die Nachrichten der anderen dort gehört bzw. gelesen? Vielleicht hast du ein paar Nachrichten noch nicht beantwortet: Mit welchen hast du diese unbeantworteten Nachrichten gehört? Hast du für dich gesorgt, warst du verständnisvoll, oder gab's etwas, bei dem du das Gelesene mit Schuldohren nach innen oder außen gehört hast?

Kennst du noch den Film »Lola rennt«? Da entstehen aus derselben Ausgangssituation auch völlig unterschiedliche Verläufe. Genau so hast du auch in einer Ausgangssituation Einfluss auf den weiteren Verlauf. Dein Werkzeug dafür sind die vier Ohren, die du bewusst aufsetzen kannst.

Dein Blickwinkel und dein Hörfilter sind mächtige Regisseure. Mit dem Hörfilter, den du wählst, filterst du auch die komplette Stimmung in deinem Film. Die Färbung des Filters gibt die Farbe deiner Brille mit vor und wie du deine Realität siehst. Welcher Film bei dir läuft, hängt also von dem Blickwinkel ab, mit dem du das aufnimmst, was gerade passiert. Du hast das Set aus vier Ohrenpaaren immer bei dir und du setzt immer automatisch ein Paar auf. Wenn du bewusst in die Regie gehst, kannst du jederzeit wählen, welches der vier Ohren-Sets du benutzt, um dein inneres Bild zu zeichnen.

Die vier Ohren helfen dir auch, aus dem Dramadreieck auszusteigen: Wenn du darauf achtest, kannst du nämlich mitbekommen, wie die Schuldohren nach innen plötzlich zu Schuldohren nach außen werden oder umgekehrt:

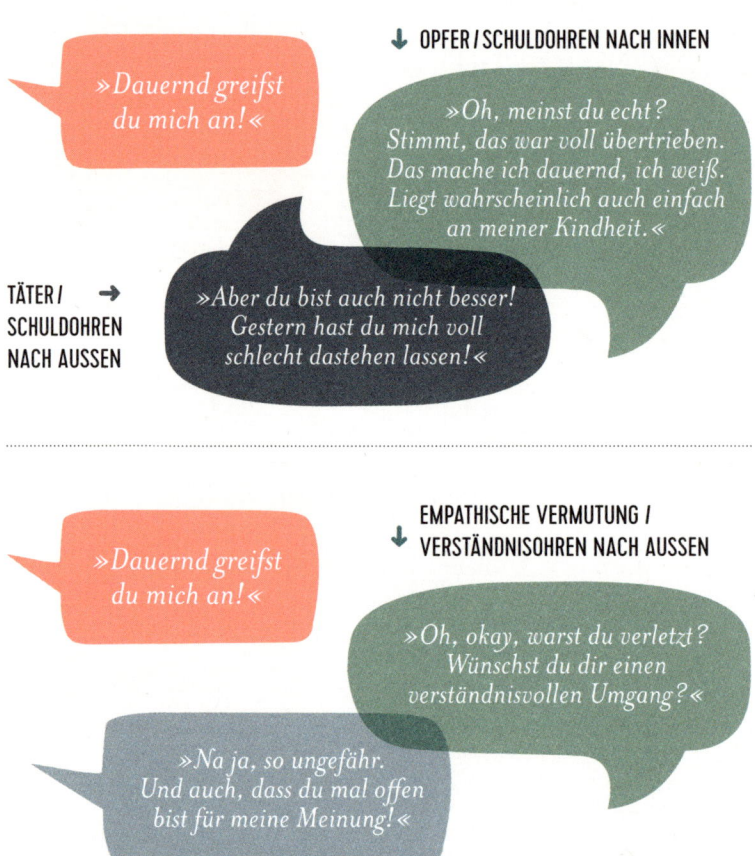

OPFER / SCHULDOHREN NACH INNEN

»Dauernd greifst du mich an!«

»Oh, meinst du echt? Stimmt, das war voll übertrieben. Das mache ich dauernd, ich weiß. Liegt wahrscheinlich auch einfach an meiner Kindheit.«

TÄTER / SCHULDOHREN NACH AUSSEN

»Aber du bist auch nicht besser! Gestern hast du mich voll schlecht dastehen lassen!«

EMPATHISCHE VERMUTUNG / VERSTÄNDNISOHREN NACH AUSSEN

»Dauernd greifst du mich an!«

»Oh, okay, warst du verletzt? Wünschst du dir einen verständnisvollen Umgang?«

»Na ja, so ungefähr. Und auch, dass du mal offen bist für meine Meinung!«

Mit Verständnis nach innen hören – und nach außen sprechen

Wenn du die Verständnisohren nach innen für dich aufsetzt, gehst du immer mit dir selbst in Kontakt und schaust, was bei dir los ist. Das nenne ich, eine Selbstklärung zu machen. Das zu tun ist die Grundlage dafür, dass du auch achtsam und klar sagen kannst, was Sache ist und was du brauchst. Und manchmal kann es sein, dass du überhaupt nicht verstehst, wie dein Gegenüber darauf kommt, dir so was an den Kopf zu knallen.

Vielleicht schaffst du es sogar, dir mit einer Ruck-Zuck-Selbstklärung intern in deinem Kopf darüber klar zu werden, was los ist:

Jetzt magst du vielleicht manchmal nicht alles mitteilen, was in dir los ist, weil es gerade zu schnell geht oder nicht passt, weil der Konflikt z. B. bei der Arbeit ist.

Dann kannst du nachfragen und dafür sorgen, die Sache besser zu verstehen und damit eine neue Grundlage für das gemeinsame Gespräch zu haben:

Aber Vorsicht: Das funktioniert nur mit der Haltung der Verständnisohren! Wenn deine Absicht nicht komplett darauf ausgerichtet ist, die Welt der anderen Person zu verstehen, kommt eher so was dabei heraus: »Dauernd greifst du mich an!« – »Was?! Wie kommst du denn darauf??!« Bei dieser Reaktion hast du Schuldohren aufgesetzt. Manchmal ist dieser feine Unterschied in deiner Tonlage versteckt, die deine unbewussten Gedanken dahinter ausdrücken: »Wie kommst du denn darauf? So ein Bullshit!«

→ EXPERIMENT

Schreib hier einen Satz auf, der dich aufgeregt hat oder der dich geärgert hat, als ihn jemand zu dir gesagt hat.

....

Bsp.: »Ich hab heute keine Zeit.«

Und jetzt antworte darauf, aber setze jedes Mal ein anderes Ohrenpaar auf. Wie klingt deine Reaktion, wenn du sie probeweise durch alle vier Ohrenfilter schiebst?

Deine Antwort mit ...

SCHULDOHREN NACH <u>AUSSEN</u>

....

Bsp.: »So ein Wichtigtuer. Kann mir auch gleich die Freundschaft kündigen.«

VERSTÄNDNISOHREN NACH <u>AUSSEN</u>

....

Bsp.: »Hm, hast du gerade viel zu tun und brauchst ein bisschen Erholung?«

SCHULDOHREN NACH <u>INNEN</u>

....

Bsp.: »Immer sind alle verplant. Keiner mag mich.«

VERSTÄNDNISOHREN NACH <u>INNEN</u>

....

Bsp.: »Ich habe jetzt schon drei Mal gefragt, ich wünsch mir einfach etwas Gemeinsamkeit.«

Wenn du mehrere Durchgänge gemacht hast: Was fällt dir auf? Welchen Ohrenfilter benutzt du oft? Welchen hast du in der Situation tatsächlich benutzt? Welcher ist für dich eine Challenge, ihn zu benutzen? Und wie fühlst du dich bei jeder der vier Möglichkeiten?

DIE POWER DER VERLETZLICHKEIT

»Der Schlüssel zu echter Verletzlichkeit ist, dass du bereit bist, die Konsequenzen zu akzeptieren — egal, was die Reaktion ist.«

MARK MANSON

WIE PASST DIESER GEDANKE IN DEIN LEBEN? → *Hast du schon mal bestimmte Aspekte von dir nicht gezeigt, weil du angenommen hast, dass diese Seite von anderen nicht geschätzt wird?*

Es gibt einen großartigen Vortrag von Brené Brown zu dem Thema, den du unbedingt einmal gesehen haben solltest. Sie beschreibt darin, wie sie ausgerechnet mit Verletzlichkeit zu innerer Stärke gefunden hat. Das ist das Paradoxe, und es ist auch meine Erfahrung: Je weniger du deine Gefühle und Wünsche versteckst, desto entspannter bist du und fühlt sich dein Leben an. ... Moment: Wo kam jetzt hier die Verletzlichkeit vor? Nein, du hast nichts verpasst. Das, was potenziell nach Rücksichtslosigkeit und Ego-Wahn klingt, ist der Kern von Verletzlichkeit – und von achtsamer Kommunikation: die Gefühle und Bedürfnisse ausdrücken. Und jetzt kommt der Knackpunkt: Auch die unangenehmen. Ja, das heißt: Sprich über deine Angst, Traurigkeit, Unsicherheit, Misserfolge. Über das, von dem du denkst, wofür dich andere ablehnen könnten. Und du könntest eine tiefere Connection mit deinen Mitmenschen erleben.

Hier gibt es zwei Dinge zu beachten:

1. Jammern und Wüten haben nichts mit Verletzlichkeit zu tun. **Bleib dabei, verantwortlich deine Gefühle auszudrücken.**

> **Das heißt:** Deine Wut nicht zu nutzen, um jemanden mit dem Ausdrücken deines Schmerzes zu strafen. Deine Aufrichtigkeit nicht nutzen, um jemanden zu manipulieren. Lade dein emotionales Drama nicht ab, sondern lass einen kurzen Einblick gewinnen, wie es in dir ausschaut. Benutze deine Angst und Traurigkeit nicht, damit jemand anderes für deine Bedürfnisse Verantwortung übernimmt. Sondern zeig dich achtsam, um aufrichtig zu sein mit dir selbst und mit dem, was in dir los ist.

2. Entscheide achtsam, in welchem Rahmen es sicher ist, dich verletzlich zu zeigen und mit welchen Themen. Du kannst dich auch erst mal herantasten. Weiter hinten findest du ein paar Experimente dazu.

Bei Verletzlichkeit geht es darum, dass du den Mut hast, dich in eine Position zu bringen, in der du zurückgewiesen werden kannst. Wir haben alle gelernt, möglichst cool, professionell, stark, unabhängig und unbeeindruckt von den Härten des Lebens zu erscheinen. Und verstecken uns hinter Masken, die gut aussehen sollen, uns aber oft traurig und einsam zurücklassen.

Ich saß vor einiger Zeit in einem angesagten Hipstercafé (mit meinem Hipsterbart und einem Hipstergetränk, klar) und bekam dort das Gespräch von zwei Typen mit, die sich über ihr Datingleben unterhielten. Der eine hatte ein echtes Problem, jemanden kennenzulernen, wobei er anscheinend in seinem Dating-App-Profil wohl alles richtig machte, wie ihm sein Kumpel anerkennend bestätigte. Irgendwann kam dann raus: Er traut sich nicht, seiner besten Freundin, in die er seit Jahren verliebt ist, ein Kompliment zu machen. Sie könnte ihn ja auslachen und nicht mehr ernst nehmen. Und auch bei den Dates kommt er selten über ein weiteres Treffen hinaus, denn dann müsste er zugeben, dass er schon seit seiner Trennung vor sieben Jahren nicht mehr geknutscht hat und sich eigentlich ganz schön unsicher ist. Stattdessen legt er Wert darauf, sarkastisch zu sein und sein perfektes Berufsleben als Erfolg zu präsentieren. Zum Glück kommt sein Kumpel auf die Idee, ihm vorzuschlagen, dass er seiner besten Freundin ja einfach mitteilen könnte, dass schon lange nichts mehr lief und er unsicher ist. Oder ein Kompliment von Herzen zu wagen, trotz der Gefahr, nicht ernst genommen zu werden.

Das ist ein banales Beispiel – **oft bauen wir aber völlig absurde Konstrukte auf, um ein makelloses unverletzliches Idealbild aufrechtzuerhalten und nicht abgelehnt zu werden.** Und dieses Idealbild zielt oft darauf ab, bloß nicht verletzlich zu sein: cool, unbeeindruckbar, über den Dingen stehend, in einer mächtigen Position, einflussreich. Oder eben als Mensch gesehen zu werden, der »im Recht« ist. Zum Preis, dass ein intensiveres Miteinander nicht so recht entsteht. Oder leidet.

Dir fallen bestimmt noch weitere Möglichkeiten ein, wie auch du schon versucht hast, nicht angreifbar zu sein. Spätestens, wenn wir verletzt sind, ist es besonders schwer, sich verletzlich zu zeigen. Auch wenn du um Unterstützung bitten möchtest, brauchst du die Kraft der Verletzlichkeit.

VERLETZLICHKEIT GIBT RÜCKGRAT

Gerade in Konflikten spielt genau diese Verletzlichkeit wieder eine zentrale Rolle, wenn es darum geht, aus dem Schuld-und-Recht-Drama auszusteigen. Denn es fühlt sich oft erst mal ziemlich unangenehm an, wenn du zugibst, eigentlich gerade traurig zu sein oder Angst zu haben, dass jemand schlecht über dich urteilt. Oft geht es darum, einen »Fehler« zuzugeben und zu sagen: »Ja stimmt, ich bin da selbst nicht zufrieden, wie ich das gemacht habe.«

In dem Moment, in dem du zulässt, dass du mit deinen Sorgen, deinen Gedanken und Schwächen gesehen wirst, wird die Grundlage dafür geschaffen, dass wirkliche Verbundenheit entstehen kann. Darum macht es auch so einen großen Unterschied, wenn du in den vier Schritten dein Gefühl und dein Bedürfnis mitteilst. Auf diese Art zeigst du deinem Gegenüber, worum es dir geht, und gibst ihm die Möglichkeit, anzudocken. Das ist auch der Kern der Grundannahme, dass wir alle Bedürfnisse kennen und wertschätzen.

Und darum ist es auch so wichtig, von echten Gefühlen aus deinem Körper, statt von Pseudogefühlen aus deinem Denkkabinett zu sprechen: **Weil wir bei Worten, die echte Gefühle beschreiben, mit unseren eigenen Erfahrungen und unserem Verständnis andocken können. Wenn du offenbarst, was in dir an Gefühlen und Bedürfnissen los ist, kann sich dein Gegenüber mit dir verbinden.**

Wenn du dein Innenleben kennst und akzeptierst, auch mit den unangenehmen oder peinlichen Gefühlen, kannst du mit Rückgrat für dich einstehen. Das ist ein Aspekt von Integrität und wie du sichtbar machst, was in dir vorgeht. Die Grundlage aller Connection zwischen Menschen ist, dass sie sich gegenseitig spüren und wahrnehmen können. Darauf fußt Vertrauen. Einerseits vertrauen andere auf das, was sie von dir wahrnehmen, weil es integer und keine Maske aus Freundlichkeit oder Jammern oder Vorwürfen ist. Andererseits vertraust auch du darauf, dass andere Verbindung anstreben, und weniger am Konkurrieren interessiert sind, wenn sie deine Bedürfnisse und dein integres Wesen einschätzen können.

VERTRAUEN
*dass andere auch
Verbindung anstreben*

KERN
HALTUNG:
*Vertrauen statt
Kampf*

SELBSTLIEBE
*mein Innenleben
akzeptieren*

INTEGRITÄT
*das Innere im
Außen zeigen*

Letztlich ist Verletzlichkeit auch etwas, das Stärke ausmacht. Beobachte einmal Menschen, die du sehr achtest, vielleicht Vorbilder oder jemanden, dem du achtsame Führungskompetenz zusprechen würdest: Vermutlich eint sie, dass sie verletzlich sein können. Verletzlichkeit kann die unterschiedlichsten Formen annehmen.

Es hat Größe anzusprechen, was in einem los ist, unabhängig davon, ob du dadurch gemocht wirst oder nicht. Auch mitzuteilen, wenn es etwas gibt, das für dich gerade persönlich herausfordernd ist. Oder etwas tust, das aus der Reihe fällt und was in deinem Umfeld sonst nicht getan wird. Zum Beispiel in deinem Schützenverein mitzuteilen, dass du gerne zum Yoga gehst. Oder in deinem Yoga-Retreat davon zu erzählen, dass du leidenschaftlicher Schützenkönig bist.

Hier ist eine Liste von verletzlichen Handlungen – vielleicht kennst du die eine oder andere Situation aus eigener Erfahrung. Wie ist es für dich, verletzlich zu sein? Ätzend, gefährlich, unangenehm, erleichternd?

• zugeben, dass du einen Fehler gemacht hast

• aussprechen, dass du etwas nicht kannst, obwohl es gerade erwünscht wäre

• für eigene Werte und Bedürfnisse einstehen, z. B. wenn jemand einen Witz macht, den alle witzig finden, der aber zu weit geht

• klar machen, wenn jemand deine persönliche Grenze überschritten hat

• einen Witz machen, der vielleicht nicht witzig ist

• um Hilfe bitten

• generell über die eigene Angst oder Traurigkeit zu sprechen, wenn du genauso auch wütend sein könntest

• jemandem ein Kompliment machen, oder sagen, dass du die Person wirklich magst und respektierst oder sie ein Vorbild für dich ist

• vor Menschen etwas von dir zeigen, z. B. eine (Business-)Idee, Fähigkeit (z. B. Tanzen, Singen) oder ein Detail über dich (z. B. deinen persönlichen Tick, deine Angst vor Pferden, dein Nerd-Hobby o. Ä.)

• deinem Partner oder deiner Freundin sagen, dass du gerade nicht erfüllt bist in der Beziehung

• in deinem Freundeskreis ansprechen, dass du die Freundschaft etwas eingerostet findest und du etwas vermisst, z. B. gerne über persönliche Dinge sprechen und dich regelmäßiger treffen möchtest

Verletzlichkeit ist der Boden, auf dem Verbindung und Empathie stattfinden Entweder weil du mit dir selbst verbunden bist und aufrichtig ausdrückst, was in dir los ist: Menschen schätzen es üblicherweise, wenn sie merken, dass da jemand was tut, was ihn oder sie viel Überwindung kostet, aber ein wichtiges Bedürfnis ausdrückt und authentisch ist. Sie nehmen die Überwindung wahr, die es kostet, sich zu öffnen, und erkennen das als die sensible Stelle, an die sie andocken können. **Oder weil du eine Möglichkeit bietest, empathisch anzudocken und einen Schritt in deinen Schuhen zu gehen.**

Wir denken oft, dass wir Verständnis und Respekt bekommen, wenn wir erklären und wie im Kanzlerduell vorzeigen, was wir bisher alles richtig gemacht haben. Oder was perfekt ist. Das ist aber im Kern total unlogisch, denn es ermutigt eher dazu, sich zu vergleichen und in Konkurrenz zu gehen, statt andocken zu können. Ohne Verletzlichkeit wirst du keine Dinge in die Welt bringen. Denn du wirst immer dem Risiko ausgesetzt sein, dass sie nicht perfekt sind und sie jemand blöd findet. Und du verbaust dir Möglichkeiten, Spaß zu haben, ohne zu perfekt zu sein.

→ PROBIER MAL DIES STATT DAS

....

»Mir doch egal!«

»Ich hab das im Griff«, wenn du eigentlich überfordert bist

»Früher war es besser!«

»Ich komme klar.«

»Das ist nicht unsere Schuld!«

»Wie du meinst.«

»Geht dich nix an.«

→ »Eigentlich bin ich ganz schön traurig darüber.«

→ »Ich glaube, ich brauche da Unterstützung.«

→ »Ich weiß nicht genau, wie ich dafür sorgen kann, dass es mir wieder so gut geht wie früher«

→ »Ich hab mich total verrannt. Ich fühl mich gerade ganz schön am Limit.«

→ »Wir haben ein Problem.«

→ »Eigentlich habe ich Angst, dass du mich blöd findest, wenn ich das so mache.«

→ »Ich tu mir gerade schwer, mit dir da offen zu sprechen, und habe Angst, dass du dann Urteile über mich fällst. Magst du mir sagen, worum es dir geht?«

Verletzlichkeit sollte man nicht als Strategie benutzen, um Verständnis und Respekt zu bekommen. Auch hier geht es wieder um deine Haltung und deine Absicht: Schau genau hin, dass du nicht mit der Absicht etwas von dir zeigst, dass andere mit dir Mitleid haben oder du Clown sein kannst. Jammern kann bedürftig und sogar manipulativ sein. Es geht beim achtsamen Sprechen einfach darum, dass du aufrichtig zeigst, was in dir los ist.

Verletzlich zu sein bedeutet vollkommene Akzeptanz für die Auswirkungen deiner Selbstoffenbarung. Die Reaktion der anderen ist nicht deine Verantwortung. Was du tun kannst, ist: für dein Innenleben Verantwortung übernehmen und auch die unschönen Ecken und Kanten nach außen zeigen. Und dich über die Verbindung und Lebendigkeit freuen, die dadurch entsteht.

→ EXPERIMENTE

Faustregel: Wenn es sich für dein Selbstbild gefährlich anfühlt, bist du auf der richtigen Fährte für eine Handlung, die deine Verletzlichkeit zeigt.

1. Such dir eine Person aus, der du von einer Idee oder Sache erzählst, die dich begeistert, die dir aber vielleicht unangenehm ist, weil die andere Person dann denken könnte, dass mit dir etwas nicht stimmt.

2. Finde eine Person, der du von einem persönlichen Misserfolg oder einer peinlichen oder ängstlichen Erfahrung erzählst, von der du noch nie jemandem erzählt hast. Achte darauf, dass du nichts von der anderen Person haben willst. Es geht nur darum, etwas von dir zu teilen, das dich wirklich im Herzen beschäftigt, und zu riskieren, dass du abgelehnt wirst.

3. Gibt es eine Sache, über die du manchmal klagst? Kann es sein, dass du sie noch nicht in die Hand genommen hast, weil dich dann jemand ablehnen könnte? Vielleicht möchtest du beispielsweise gerne in einer Band spielen, aber spürst Angst bei der Vorstellung, vor den anderen Bandmitgliedern zu bestehen oder vor Publikum aufzutreten. Vielleicht klagst du stattdessen bisher lieber darüber, dass es eh nicht genügend Leute gibt, die in deinem Umfeld Musik machen, oder dass die zu eingebildet sind. Überlege dir: Worin genau liegt deine Angst begründet? Worin würdest du dich verletzlich und un-perfekt zeigen? Warum genau möchtest du das nicht tun?

4. Mach jemandem ein Kompliment oder sag der Person, dass du sie magst oder respektierst. Nenne dabei auch, was du beobachtet hast, und ein Bedürfnis, weshalb das für dich so ist. z. B. »Ich wollte dir schon immer mal sagen, dass du jemand bist, den ich sehr respektiere. Ich schätze die **Klarheit,** mit der du sagst, was du willst und was nicht. Zum Beispiel letzte Woche, **als du unserer Chefin gesagt hast, dass du nicht bereit bist,** Überstunden zu machen.«

JA ZUM NEIN!

Besonders schwierig ist der Umgang mit dem kleinen wichtigen Wort mit den vier Buchstaben: nein. Wer ein Kind in der Trotzphase erlebt hat, kennt das sehr lebensnah. Und auch ohne diese Intensivversion gibt es im Alltag immer wieder zwei Momente mit diesem Wort, die selten richtig Spaß machen, insbesondere bei Menschen, die du magst:

»Nein« hören
»Nein« sagen

Mach das Nein zu deinem Freund. Nicht, um Grenzen zu setzen, denn wenn du Grenzen setzt, liegt dein Fokus darauf, dich abzutrennen. Sondern um das Ja zu nutzen, das dahinterliegt.

»Nein« hören

Es ist recht unwahrscheinlich, dass du erleichtert bist, wenn jemand auf deine Frage »Willst du mich heiraten?« mit Nein antwortet. Die Wahrscheinlichkeit ist hoch, dass es nicht nur in diesem Fall nicht so easy ist, mit einem Nein umzugehen. Denn oft ist der erste Gedanke, dass jemand dich als Mensch rundum ablehnt. Du kannst Nein-Situationen aber trainieren. Denn Gelegenheiten dafür, mit einem Nein umzugehen, gibt es unendlich viele, hier nur einige:

- **In der Beziehung:** Jungs- oder Mädelsabend statt Paar-Wochenende, keinen Sex haben wollen, sich trennen
- **Bei der Arbeit:** die Absage beim Bewerbungsgespräch, die nicht gewährte Gehaltserhöhung, die Diskussion um den Urlaubszeitraum
- **Im Alltag:** kurz vor Ladenschluss nicht mehr reingelassen werden; wenn dein Kind von seiner Schulfreundin hört, dass diese heute doch nicht bei euch übernachten möchte

Was sind bei dir die schmerzhaften Neins, die du gehört hast, als du einen anderen Wunsch hattest? Mach dir in all diesen Fällen klar: Hinter jedem »Nein«, das du auf deine Bitte oder deine dahinterliegende Wunschvorstellung hörst, steht ein »Ja« zu einem wichtigen Bedürfnis. Das kann mal leichter und mal weniger leicht nachzuvollziehen sein. Wenn du genügend Ressourcen für Empathie hast, überlege dir, welches Bedürfnis das sein könnte. Vielleicht gelingt es dir, dieses Bedürfnis wertzuschätzen.

»Nein« sagen

Noch schwieriger ist es manchmal, ein Nein auszusprechen. Vielleicht hast du Angst, dass du als egoistisch wahrgenommen wirst, wenn du auf eine Bitte mit einem Nein reagierst. Oder du möchtest nicht zugeben, dass du etwas nicht schaffst, z. B. im Job. Dann riskierst du lieber, unter Überforderung zu leiden, als dich mit einem »Nein« dazu zu bekennen.

Du kannst es dir einfacher machen, wirklich ein Nein auszusprechen, wenn du – du ahnst es – wieder auf die Bedürfnisse schaust. Mit deinem Nein sagst du Ja zu deinem eigenen Bedürfnis. Schau gleichzeitig auch auf das Bedürfnis der anderen Person. Mit diesen zwei Schritten kannst du klar ein Nein aussprechen, bleibst aber trotzdem verbunden mit dem anderen – und gleichzeitig mit deinem Bedürfnis.

»Kannst du mir heute mit dem PC mal helfen?«

1. **Versetz dich empathisch in den anderen:** Was ist sein Wunsch und um welches Bedürfnis geht es ihm? »Oh ja, das ist bestimmt **nervig** für dich und für dich würde das einige Probleme lösen, wenn da jemand mal kurz draufschaut und dich **unterstützt** ...«

2. **Prüfe, was dein Bedürfnis ist** und setze mit deinem Nein keine Grenze, sondern sage, was dir gerade wichtig ist: »... und für mich ist heute wichtig, dass ich noch mal etwas **Bewegung** bekomme, damit ich nächste Woche wieder fit bin. Darum möchte ich heute **rausgehen statt bei dir vorbeizukommen**.« Und vielleicht gibt es auch Strategien, die beide Bedürfnisse erfüllen? Zum Beispiel beim Spazieren für zwanzig Minuten etwas Telefonsupport geben und moralische Unterstützung?

DANKE FÜR DEINE FORSCHUNGSREISE MIT MIR

Vielen Dank noch mal, dass du dich in die manchmal recht tief gehenden Gefilde des Sprechens, Denkens und Zuhörens gewagt hast. Zum Abschluss dieser Reise durch verschiedene Brillen, Sprachzonen und über Fallstricke hinweg hoffe ich, du hattest dabei Freude und ein paar Erkenntnisse – und konntest für dich einige praktische Tools für deinen Alltag und deine Beziehungen mitnehmen, die dir weiterhelfen und einen Unterschied machen. Du hast jetzt schon eine breite Grundlage kennengelernt, die vermutlich dem Großteil der Menschen noch unbekannt ist, obwohl sie, wie ich finde, für unser Zusammenleben im Kleinen und im Großen wahnsinnig hilfreich sein kann.

Manchmal stelle ich mir vor, wie anders unsere Welt funktionieren würde, wenn wir alle – und gerade auch Entscheidungsträgerinnen und Vorgesetzte – bedürfnisorientiert kommunizieren und handeln würden. Ich bin überzeugt, das würde das Leben vieler Menschen effizienter, leichter und irgendwie auch glücklicher machen.

Wenn du noch tiefer gehen möchtest, kann ich dir sehr ans Herz legen, einen Übungsabend, Einführungskurs oder eine längere **Ausbildung in Gewaltfreier Kommunikation, Possibility Management oder einer anderen Technik** auszuprobieren, bei der es darum geht, achtsam mit den eigenen Intentionen und Worten zu sein und Verantwortung dafür und für die eigenen Gefühle zu übernehmen. Für mich hat es immer einen großen Unterschied gemacht, diese Ideen nicht nur in einem Buch zu lesen, sondern mit einer Gruppe live zu experimentieren.

Viel Spaß dabei!

Stefan

Scanne den QR-Code, falls du noch mehr Impulse zu achtsamer Kommunikation erhalten möchtest, und melde dich zum kostenlosen Monatsimpuls oder zum Newsletter an; dort findest du auch meinen Podcast zur GFK und weiterführende Literatur zum Thema Gewaltfreie Kommunikation:

https://gfk-trainer.de/link/sagesachtsam

GEFÜHLSLISTE

Gefühle sind Informationen aus unserem Körper und zeigen an, ob unsere Bedürfnisse erfüllt sind. Hier sind ein paar Vorschläge, um ein treffendes Wort zu finden und wie du das Gefühl zuordnen kannst:

»Ich fühle ... / Ich spüre ... / Ich fühle mich ...«

 WUT

unzufrieden
genervt
irritiert
gereizt
ärgerlich
empört
zornig
enttäuscht

 TRAURIGKEIT

bedrückt
apathisch
gleichgültig
hoffnungslos
einsam
deprimiert
kraftlos
demotiviert

 ANGST

kribbelig
verunsichert
aufgeregt
ohnmächtig
beunruhigt
schockiert
panisch
Scham

 FREUDE

glücklich
berührt
entspannt
leicht
zufrieden
erleichtert
erregt
stark
Ästhetik
Harmonie
feiern

BEDÜRFNISLISTE

Bedürfnisse sind die Triebwerke unseres Handelns. Sie sind abstrakte Wünsche, unabhängig von konkreten Personen, Zeiten, Orten oder Handlungen, die wir uns anhand bestimmter Strategien (Handlungen) zu erfüllen versuchen. Du kannst die Worte auf dieser Liste als Inspiration benutzen, um herauszufinden, welches konkrete Bedürfnis dir gerade wichtig ist:
»Ich wünsche mir ... / Ich brauche gerade ... / Ich sehne mich nach ...«

KÖRPERLICHES WOHLBEFINDEN
für mich sorgen

Luft
Nahrung
Wasser
Schlaf
Bewegung
Wärme
Gesundheit
Kraft
Unversehrtheit
Ruhe
Entspannung
Sexualität

SICHERHEIT
mich sicher durch die Welt bewegen

Schutz
Privatsphäre
Klarheit
Ordnung
Orientierung
Zuverlässigkeit
Stabilität
Verbindlichkeit
Struktur

VERTRAUEN
**mich fallen lassen,
angenommen sein**

Einfühlung
Akzeptanz
Liebe
Empathie
Einfühlung
Präsenz

VERBINDUNG
mich selbst in Kontakt erleben

Unterstützung
Geborgenheit
Kontakt
Dankbarkeit
Verständnis
dazugehören
Liebe
Nähe

SELBSTWIRKSAMKEIT
mich selbst als kreativ und gestaltungsfähig in der Welt erleben

Effizienz
Kompetenz
Erfolg
Integrität
Authentizität
echt sein
Veränderung
Einfluss
Wachstum

RESPEKT
Teil des Ganzen sein

Augenhöhe
Toleranz
Fairness
Anerkennung
Gerechtigkeit
Aufrichtigkeit
Wertschätzung
Ausgleich
gehört werden

SPASS
mit Freude etwas tun

Leichtigkeit
Spiel
Humor
Muße
Erholung
Ästhetik
Harmonie
feiern

EIGENSTÄNDIGKEIT
eigenverantwortlich handeln

Selbstbestimmung
Freiheit
Willensfreiheit
Unabhängigkeit
Verantwortung
Flexibilität
Identität

SINN
mich oder andere weiterentwickeln

Wachstum
lernen
geben

im Dienst für etwas oder
jemanden sein

Inspiration
Logik
Konsistenz

In einigen Fällen war es nicht möglich, für den Abdruck der Texte die Rechteinhaber:innen zu ermitteln. Honoraransprüche der Autor:innen, Verlage und ihrer Rechtsnachfolger:innen bleiben gewahrt.

Die in diesem Buch gewählten geschlechtlichen Formen beziehen sich immer zugleich auf weibliche, männliche und diverse Personen, denn natürlich sollen unsere Bücher allen Menschen Freude bringen. Wir haben bewusst zwischen der weiblichen, männlichen und einer offenen Schreibweise abgewechselt, um diese Herzensangelegenheit zu unterstreichen.

Bildnachweis:
Covermotive: www.shutterstock.com: Bibadash, Dedraw Studio, Lepusinensis, Martial Red, maybealice, Molibdenis
Motive Innenteil: www.shutterstock.com: 1Arts, a_bachelorette, anna1195, Bibadash, Dedraw Studio, GoodStudio, Lepusinensis, maybealice, Merfin, Molesko Studio, Molibdenis, quka, saravector

Gestaltung Cover und Innenteil: it'sme design, Marielle Enders
Infografiken: it'sme design, Marielle Enders

ISBN 978-3-8458-4955-3
www.arsedition.de

MIX
Papier aus verantwortungsvollen Quellen
FSC® C018236
FSC
www.fsc.org